Tucholsky Wagner Zola Scott Sydow Freud Schlegel
Turgenev Wallace Fonatne Sydow
Twain Walther von der Vogelweide Fouqué Friedrich II. von Preußen
Weber Freiligrath Frey
Fechner Weiße Rose von Fallersleben Kant Ernst Frommel
Fichte Richthofen
Hölderlin
Engels Fielding Eichendorff Tacitus Dumas
Fehrs Faber Flaubert
Eliasberg Ebner Eschenbach
Feuerbach Maximilian I. von Habsburg Fock Eliot Zweig
Ewald Vergil
Goethe Elisabeth von Österreich London
Mendelssohn Balzac Shakespeare Dostojewski Ganghofer
Lichtenberg Rathenau Doyle Gjellerup
Trackl Stevenson Tolstoi Hambruch Droste-Hülshoff
Mommsen Lenz Hanrieder
Thoma von Arnim Hägele Hauff Humboldt
Dach Verne Hagen Hauptmann Gautier
Karrillon Reuter Rousseau
Garschin Defoe Hebbel Baudelaire
Damaschke Descartes
Hegel Kussmaul Herder
Wolfram von Eschenbach Dickens Schopenhauer Rilke George
Bronner Darwin Melville Grimm Jerome
Campe Horváth Aristoteles Bebel Proust
Bismarck Vigny Barlach Voltaire Federer Herodot
Gengenbach Heine
Storm Casanova Tersteegen Gilm Grillparzer Georgy
Chamberlain Lessing Langbein Gryphius
Brentano Lafontaine
Strachwitz Claudius Schiller Kralik Iffland Sokrates
Bellamy Schilling
Katharina II. von Rußland Gerstäcker Raabe Gibbon Tschechow
Löns Hesse Hoffmann Gogol Wilde Vulpius
Luther Heym Hofmannsthal Gleim
Roth Klee Hölty Morgenstern Goedicke
Luxemburg Heyse Klopstock Kleist
La Roche Puschkin Homer Mörike Musil
Machiavelli Horaz
Navarra Aurel Musset Kierkegaard Kraft Kraus
Nestroy Marie de France Lamprecht Kind Kirchhoff Hugo Moltke
Laotse Ipsen Liebknecht
Nietzsche Nansen Ringelnatz
Marx Lassalle Gorki Klett Leibniz
von Ossietzky May vom Stein Lawrence Irving
Petalozzi Knigge
Platon Pückler Michelangelo Kafka
Sachs Poe Kock
Liebermann
de Sade Praetorius Mistral Zetkin Komlenko

Der Verlag tredition aus Hamburg veröffentlicht in der Reihe **TREDITION CLASSICS** Werke aus mehr als zwei Jahrtausenden. Diese waren zu einem Großteil vergriffen oder nur noch antiquarisch erhältlich.

Symbolfigur für **TREDITION CLASSICS** ist Johannes Gutenberg (1400 — 1468), der Erfinder des Buchdrucks mit Metalllettern und der Druckerpresse.

Mit der Buchreihe **TREDITION CLASSICS** verfolgt tredition das Ziel, tausende Klassiker der Weltliteratur verschiedener Sprachen wieder als gedruckte Bücher aufzulegen – und das weltweit!

Die Buchreihe dient zur Bewahrung der Literatur und Förderung der Kultur. Sie trägt so dazu bei, dass viele tausend Werke nicht in Vergessenheit geraten.

Was die Pastoren von den Frauen denken

Berlin (Verlag Reinhold Schlingmann) 1872

Hedwig Dohm

Impressum

Autor: Hedwig Dohm
Umschlagkonzept: toepferschumann, Berlin

Verlag: tradition GmbH, Hamburg
ISBN: 978-3-8424-1214-9
Printed in Germany

Was die Pastoren von den Frauen denken.

Hedwig Dohm

Berlin (Verlag Reinhold Schlingmann) 1872

Zur Frauenfrage, von Philipp von Nathusius und Herrn Professor der Theologie Jacobi in Königsberg

Über jede Frage, die das Interesse der Zeit in Anspruch nimmt, wird heutzutage so unendlich viel geschrieben und gedruckt, dass eine Übersicht schwer fällt und es oft nur der Zufall ist, der einem dieses oder jenes Buch, diesen oder jenen Aufsatz in die Hände spielt.

In stetem Wachsen ist die Literatur über die Frauenfrage begriffen, und auf keinem Gebiete, scheint mir, macht sich die Abgeschmacktheit breiter als auf diesem. Die Gründe dieser Erscheinung zu erörtern, würde mich hier zu weit führen.

Trotz meines vollen, ja leidenschaftlichen Anteils an der Frauenfrage ist mir die Tagesliteratur über dieses Thema fast fremd geblieben, und es war in der Tat nur ein Zufall, der mich mit den Broschüren, denen dieser Aufsatz gewidmet ist, bekannt machte.

Beim Lesen derselben empfand ich Staunen; denn ich begegnete darin Auffassungen, die ich in unserm Jahrzehnt nicht mehr für möglich gehalten hatte.

Wenn ich den vorliegenden Schriften trotz ihrer Trivialität eine kurze Beleuchtung widme, so geschieht es, erstens, weil die Verfasser, streng konservative, fromme Herren, im Großen und Ganzen wohl auch in der Frauenfrage die Anschauungen ihrer einflussreichen Partei vertreten, der Orthodoxen in der Kirche, der Konservativen in der Politik, und zweitens, weil Herr von Nathusius den ganz besondern Wunsch ausspricht, dass man ihn widerlege. Ob sich die Seelen der frommen Pastoren (denn auch Herrn v. N. halte ich für einen Diener Gottes) in freier Wahlverwandtschaft gefunden, oder ob der Eine sein trübes Wasser aus dem Gischtquell des Andern geschöpft hat, das vermag ich nicht zu entscheiden. Selbstverständlich kann in diesem Aufsatz nicht von einer erschöpfenden Widerlegung der beiden Broschüren die Rede sein; die des Herrn v. N. allein ist über 150 Seiten stark. Ich musste mich begnügen, einige hervorspringende Punkte in den Theorien der beiden Herren dem Einblick und dem Urteil der Leser zu unterbreiten.

Wo sich die Verfasser auf religiöses Gebiet flüchten und als Beweisgründe Bibelstellen, als unmittelbare Offenbarungen Gottes, anziehen, da kann ich ihnen weder folgen noch sie verfolgen. Der Tempel war von jeher ein schützendes Obdach für Übeltäter jeder Art.

Herr von Nathusius beginnt sein Werk mit dem Versuch, die Bestimmung des Weibes ausschließlich für die Ehe beweisen zu wollen.

Aus der Fülle der Einleitungsphrasen will ich drei hervorheben, weil sie Herr von Nathusius fast mit allen Gegnern der Frauenbewegung gemein hat, Phrasen, die, kraft männlicher Machtvollkommenheit zu Naturgesetzen gestempelt, die sozial begrenzte Stellung des weiblichen Geschlechts rechtfertigen sollen.

Diese drei Phrasen lauten: *1) der Gegensatz von Mann und Frau, als Kopf und Herz; 2) die Milde, Sanftmut und Stille der weiblichen Gemütsart, gegenüber der Charakterstärke und Energie des Mannes; 3) die naturnotwendige Unterordnung des weiblichen Geschlechts in der Ehe unter das männliche.*

Gleich auf der ersten Seite heißt es: "Das Seelenleben, in welchem die Stärke des Kopfes beim Manne durch die Stärke des Herzens bei der Frau eine Ausgleichung findet zur schönen Ergänzung."

Wer mit logischem Verstand eine etwas lebhafte Phantasie verbindet, der male sich einmal das Bild einer Gesellschaft aus, in der die Frauen vorwiegend Herz, die Männer vorwiegend Kopf, also Verstand, sind.

Armes Geschlecht voll schauerlicher Einsamkeit! Die Frauen, die den Gedanken der Männer nicht folgen können, die Männer, die nicht im Stande sind, die Zärtlichkeit der Frauen zu erwidern; denn, Herr von Nathusius, was über unsre Verstandeskräfte geht, können wir eben nicht fassen, also auch nicht würdigen, was unser Gefühlsvermögen übersteigt, nicht nachempfinden. Der Überschuss des Herzens der Frau würde dem Manne nur lästig fallen. Wie beim Turmbau zu Babel würden sich die Geschlechter gegenüber stehen. Gott hätte ihre Sprachen verwirrt; keines verstünde das andere.

Diese abgeschmackte Ergänzungstheorie nimmt an, dass durch die räumliche Nachbarschaft eines großen Herzens ein kleines komplett würde, desgleichen der Verstand. Ebenso gut könnte man behaupten, ein großer Mann und eine kleine Frau, oder eine dicke Frau und ein hagerer Mann ergänzten sich.

Aber, wendet man vielleicht ein, es ist mit dieser Ergänzung ja nur gemeint, dass in der Ehe durch den allmählichen gegenseitigen Einfluss der Geschlechter das Herz des Einen und der Kopf der Andern an Kraft und Inhalt gewinnen müssten.

Das kann aus zwei Gründen nicht die Meinung der Ergänzunstheoretiker sein.

Wüchse allmählich Kopf und Herz der Betreff enden, so würde ja, etwa auf der Höhe des Lebens, der Unterschied geschwunden sein und damit die schöne Phrase von der notwendigen Ergänzung sich in nichts auflösen. Und 2) die zu erreichende Höhe jedes organischen Gebildes wird ja durch den Keim, die Naturanlage bedingt. Reifte also der kleine Frauenverstand an der Sonne des männlichen, bis er ihn annähernd erreichte, *und* ebenso das Herz des Mannes an dem der *Frau,* so wäre das Naturgesetz umgestoßen die Naturanlage eine gleiche.

Die Ergänzung der Geschlechter besteht nicht darin, dass der Eine von seinem Verstand, die Andre von ihrem Herzen abgibt, sondern einfach darin, dass die Frau des Mannes bedarf und der Mann der Frau — um der Liebe willen *nur* bei annähernder Übereinstimmung der Herzen und Köpfe gibt es im *höheren* Sinne eine glückliche Ehe. Im höheren Sinne sage ich, Herr *von* Nathusius. Denn ein jeder von uns kennt gewiss sogenannte glückliche Ehen, in denen die Frauen hochbegabter Männer an Bildung ihre Köchinnen kaum überragen. Goethe war glücklich mit seiner Christiane. Wer aber hat den Mut, diese Ehe als eine solche zu bezeichnen, die dem wahren und eigentlichen Begriff der Ehe entspricht?

Übrigens spricht die Beobachtung dafür, dass wenig Verstand meist mit wenig Herz gepaart ist. Gerade nach den Anschauungen des Herrn von Nathusius hätte es vielleicht noch eher Sinn, den Männern mehr Herz zuzusprechen. In dem tiefsinnigen Ausspruch (wenn ich nicht irre, der Frau v. Staël): "Les grandes idées viennent du coeur" liegt eine packende Wahrheit.

Ich kann nicht sagen, mit welchem Widerwillen mich die Verlogenheit jener landläufigen Phrasen erfüllt. Selbst der Einfältigste braucht sich nur einigermaßen unbefangen in der Welt umzusehen, um zu gewahren, dass es ungefähr ebenso viel kluge Frauen wie kluge Männer, und dumme Frauen, wie dumme Männer gibt, und dass es sich mit dem Empfindungsvermögen in gleicher Weise verhält.

Die zweite der erwähnten Phrasen ist die von der den Frauen angeborenen Sanftmut und Passivität gegenüber der Charakterstärke des Mannes. Die Lebenszähigkeit dieser Sentenz muss in Erstaunen setzen. Ein Minimum von Beobachtung genügt hier, um zu der Wahrheit zu gelangen, dass die Männer der Gegenwart im Allgemeinen sanfter und milder sind als die Frauen. Nicht als wollte ich damit behaupten, Gott habe jenen eine sanftere Gemütsart verliehen. Ihre größere Milde ist eben eine Folge ihrer höheren Bildung und entwickelteren Intelligenz. *Ruhiger* milder, voll größerer Selbstbeherrschung zeigt sich stets der Intelligentere. Meint man aber etwa, dass dieselbe Ursache nicht dieselbe Wirkung zu haben brauche, dass Bildung, welche auf die Männer veredelnd wirke, die Frauen erniedrige — und der Verfasser spricht das an verschiedenen Stellen aus, so Seite 78 — warum dann überhaupt die höhere Töchterschule? Zwar weist Herr von Nathusius nicht jeden Unterricht von der Hand, aber nirgends deutet er auch nur die Grenze an, bei welcher die Erniedrigung ihren Anfang nimmt... beim Rechenunterricht Herr von Nathusius? Wirkt das Erlernen der vier einfachen Spezies günstig auf die Frauennatur, und beginnt die Erniedrigung etwa bei den Brüchen?

Oder beim Schreiben? Ist das Erlernen der Buchstaben zu billigen, das orthographisch richtige Schreiben aber vom Übel?

Herr von Nathusius schwärmt für die Unmittelbarkeit des Weibes, für ihren Instinkt, den sittlichen Instinkt, den die Natur in sie gelegt hat und den sie nur braucht walten zu lassen; er beklagt die armen Weiber, die den Instinkt verloren haben. Ich wünschte Ihnen denn doch nicht, Herr von Nathusius, dass Sie z. B. in Südafrika in öder Gegend Gelegenheit hätten, diesen Instinkt auf die Probe zu steilen bei einer Begegnung etwa mit einigen jungen reichsunmittelbaren Kannibalinnen, zu einer Zeit, wo dieselben in Erwartung ihres Diners an Hunger leiden sollten! Ich fürchte, Herr von Nathusius, der Instinkt würde diese jungen Damen antreiben, Sie, — verzeihen Sie mir die schreckliche Vorstellung — Sie — aufzufressen. Vielleicht würden Sie nachträglich von diesen Menschenfresserinnen sehr günstig und höflich als ein wohlschmeckender Herr rezensiert werden. Aber was hülfe Ihnen das?

Ich habe Männer mit absoluter Sicherheit über die angeborene Sanftmut und Stille des weiblichen Charakters reden hören, und dieselben Männer standen, um es in der plattesten Volkssprache auszudrücken, in lächerlicher Weise unter dem Pantoffel ihrer Xanthippen.

Herr von Nathusius und seine Gesinnungsgenossen meinen aber vielleicht, in unserer Zeit sei der natürliche Charakter des Weibes bereits entartet, in Gärung geraten an der verderblichen Sonne der Zivilisation und das Losungswort in der Frauenfrage heiße: "Umkehr".

Über den Frauencharakter zur Zeit der Pfahlbauten wissen wir nichts. Aber bleiben wir bei den deutschen Frauen, die als besondern Typus weiblicher Milde und Sanftmut zu betrachten, wir von jeher angehalten worden sind.

Nicht wahr, Herr von Nathusius, es ist eitel Zartheit und Sanftmut, was uns die ältesten Überlieferungen von unseren Ahnmüttern erzählen? Es waren zarte Hausfrauen und sanfte Mütter, von denen uns Plutarch und mehrere lateinische Schriftsteller unter Anderem Folgendes berichten: "102 v. Chr., auf dem Schlachtfelde von Aix, als die Teutonen Gajus Marius erlegen waren und die Römer den fliehenden Feind bis zum Lager verfolgten, da kamen ihnen die teutonischen Weiber mit Schwertern und Beilen entgegen und trieben unter furchtbarem und wütendem Geheule die Fliehenden sowohl als die Verfolgenden, jene als Verräter, diese als Feinde zurück, indem sie sich unter die Kämpfenden mischten, mit bloßen Händen die Schilde der Römer ergriffen, die Klingen der Schwerter fassten und, bis zum Tode unbesiegten Mutes, sich verwunden und in Stücke hauen ließen."

Bei einer andern Schlacht, als die Römer den Fliehenden bis zum Lagerwall nachdrängten, wurden sie durch ein hochtragisches Schauspiel überrascht. In schwarzen Gewändern auf den Karren stehend, gaben die kimbrischen Frauen den Flüchtlingen den Tod, diese ihrem Gatten, jene ihrem Bruder, wieder eine andere dem Vater. Ihre Kinder aber erwürgten und warfen sie unter die Räder der Wagen und die Hufe der Zugtiere. Zuletzt legten sie mörderische Hand an sich selbst. Eine, erzählt man, hatte sich an die Spitze einer Deichsel gehängt, und an den Knöcheln der Mutter hingen, von ihr mit Stricken angebunden, ihre Kinder.

Es kam vor, dass die Frauen verschiedener Stämme, durch die Römer in den Wagenburgen versperrt, statt sich zu ergeben, mit Allem, was als Waffe dienen konnte, verzweifelnd sich wehrten und zuletzt ihre kleinen Kinder mit den Köpfen auf den Boden stießen und die Leichname den Feinden ins Gesicht warfen.

Germanische Priesterinnen durchschnitten, über den Kessel gebeugt, den über den Rand desselben emporgehobenen Gefangenen die Kehle und weissagten aus dem Blut, das in den Kessel strömte.

Aber weiter, werfen wir einen Blick auf das Zeitalter der Völkerwanderung. Schaudernd wenden wir uns hier von einer Weiblichkeit, die durch Wollust und Grausamkeit sich bis ins Ungeheuerliche verzerrt. Ich brauche nur Fredegunde und Brunhilde zu nennen, deren Taten keine Hölle überbieten kann, Taten, die nie ein Mann übertroffen.

Oder finden wir vielleicht im Mittelalter die weiblichen Anmuts- und Sanftmutsideale des Herrn von Nathusius? Er lese die Ritterromane (Romane sind stets die Sittenspiegel ihrer Zeit gewesen) und mache sich daraus ein Bild von der Sitte, Zucht und Milde der mittelalterlichen Frauen.

Die dritte Phrase ist die , *von der Unterordnung des weiblichen Geschlechts auf Grund des biblischen Ausspruchs: "er soll dein Herr sein".*

In den niedern Ständen ist er es in der Regel, denn hier herrscht, Gott sei's geklagt, noch das Faustrecht.

In den gebildeten Ständen hat zwar vielfach die Frau in der Ehe das Übergewicht, leider aber entscheidet hier nur äußerst selten der innere Wert der Gatten über die Herrschaft.

Gemeine, egoistische Frauennaturen wissen sich zu helfen. Die Märtyrerinnen der Ehe sind fast immer edle, fein organisierte Frauen.

In den wenigen idealen Ehen aber, die ich kenne, ist niemand über- und niemand untergeordnet; das vollkommenste Respektieren der beiderseitigen Eigenart herrscht da; in gesicherter Freiheit leben die Gatten, und so wird es immer zwischen wahrhaft edlen Menschen sein.

Bleiben wir aber bei den Ehen, wie sie in der Regel sind und nach unseren sozialen Einrichtungen kaum anders sein können, und fragen wir: wer sollte innerhalb dieser Ehen herrschen?

Nicht ein Geschlecht, Herr von Nathusius, sondern eine Gesinnung.

Die edlere Gesinnung und der reinere Geist sollen herrschen.

Vielleicht gibt Herr von Nathusius zu, dass es schlechte und lasterhafte oder wenigstens charakter- und gesinnungslose Männer gibt, die Zufall oder Missverstand zuweilen zu Gatten trefflicher Frauen machen. Was würde in einer solchen Ehe die Unterordnung der Frau bedeuten? Herabwürdigung des bessern Teils, den Sieg des Schlechten.

Es ist heilige Pflicht einer klugen und edlen Frau, die in jungen Jahren durch unglückliche Wahl an einen unwürdigen Mann geraten ist, diesen, wenn die Lösung der Ehe schwer oder unmöglich ist, zu beherrschen, und wär's nur um der Kinder willen.

Das Edle, Wahre und Gute, das kein Geschlecht hat, herrsche immerdar, und der Ehemann, der es für sein Recht hält, sich die Frau unterzuordnen, nur weil er Mann und sie Frau ist, ist zugleich lächerlich und verächtlich.

Um den Frauen die bittere Pille der Unterordnung zu versüßen, gibt man ihnen zum Trost die verwerfliche Lehre: *"Seid gehorsam dem Manne, auf dass ihr herrschet"* — eine Lehre, die der Verfasser zu wiederholten Malen und in den verschiedensten Wendungen den Frauen einprägt.

Wir wollen von dem logischen Unsinn des Satzes absehen, der in dem Nachsatz den Vordersatz aufhebt; denn wenn man herrscht, ist man eben über- und nicht untergeordnet.

Diese heuchlerische Vorschrift aber, die für gut und fromm gilt, ist von dem Geist Machiavellis erfüllt. Mit andern Worten heißt sie: Anstatt durch die edlen Fähigkeiten und sittlichen Vorzüge, die Gott dir verliehen, zu herrschen, unterdrücke und verbirg dieselben, wenn es nötig ist, beuge dich unter einen vielleicht rohen Mann, widersprich ihm nicht, tue scheinbar was er verlangt, laß ihn in allem gewähren, es sei noch so töricht oder verwerflich. Heuchelei und Intrige, das sind deine Waffen; spioniere seine Schwächen aus, sei sanft, schmeichele ihm, und du wirst ihn beherrschen.

Ist er Simson, so sei du Delila!

Der düpierte Ehemann ist, wie man weiß, eine beliebte Figur in französischen Lustspielen.

Nein, sage ich, ordne dich nicht unter, wenn dein Mann unedel ist, wenn die Natur und dein Gewissen sich gegen ihn empören. Das Gewissen ist dein Herr, und für deiner Kinder Seelen bist du Gott verantwortlich.

Wo die Männer aber herrschen sollten, da herrschen sie leider selten genug. Wer kennt nicht Ehen, in denen eine gemeine, zänkische Frau einen schwachen, fein organisierten, intelligenten Mann beherrscht, Ehen, in denen die Kinder alle nach der rohen Mutter arten, während der Vater zu träge ist, oder es ihm an sittlichem Ernst fehlt, seine Pflicht des Herrschens in diesem Fall zu üben?

Wer, wer erlöst uns von der Phrase?

Nach dem einleitenden Glaubensbekenntnis kommt Herr von Nathusius zu der Darstellung des jetzigen Standes der Frauenbewegung in den Hauptländern der Zivilisation, wobei er bei Amerika, als dem in der Frauenfrage am weitesten vorgeschrittenen Lande, am längsten verweilt.

Diese Darstellungen, die zum größten Teil aus Zitaten bestehen, sind einfach, klar und interessant, und selbst da, wo die Anführungsstriche fehlen, weicht der Stil wesentlich und vorteilhaft von dem Stil des polemischen Teils des Buches ab, der weitschweifig, verworren und phrasenhaft ist und jeglicher Klarheit und Präzision entbehrt. Alles was Herr von Nathusius uns über amerikanische Zustände mitteilt, spricht für die Fähigkeit der Frauen zu wirtschaftlicher Selbständigkeit; er erzählt von Hunderten von Ärztinnen und Professorinnen, er spricht von Pastorinnen, Juristinnen, Journalistinnen usw., ohne im Stande zu sein, irgend einen Übelstand als Folge dieser " *Naturwidrigkeiten*" anzuführen, und – er hat es doch sicher an eifrigen und redlichen Forschungen nach solchen Übelständen nicht fehlen lassen. Dieser Teil der Arbeit ist ein fast naives Tun des Verfassers, indem er gegen seinen Willen der Wahrheit dient.

Seine Schlussansicht über die großartige amerikanische Frauenbewegung fasst er dann in die Worte zusammen: "*Von Aufständen hat man wohl bemerkt, dass sie nicht von Gedrückten auszugehen pflegen, sondern von denen, denen es zu wohl wird. Mit vollem Rechte lässt sich dies von diesem amerikanischen sozialen ‚Frauen-Aufstande' sagen.*"

"Von denen, denen es zu wohl geht"! Damit kann der Verfasser, wenn er von politischen Aufständen spricht, nur die reiche Bourgeoisie, die Bankiers, die Eisenbahnaktieninhaber, die Aristokraten und Rittergutsbesitzer im Sinn haben. Ich mache Sie darauf aufmerksam, Herr von Nathusius, dass Sie hier nahe daran streifen, Hass und Verachtung gegen die begüterten Klassen zu erregen; denn unmöglich können Sie mit dem " *zu wohl* gehen" Arbeiter, Gelehrte im Dachstübchen oder verhungerte Literaten gemeint haben. Freilich habe ich auch unter diesen Leuten solche getroffen, die ab und zu einen Bissen Fleisch assen; aber, bei Lichte besehen, kann man das doch nicht "zu wohl gehen" nennen.

Für die deutsche Frauenbewegung trifft Ihr "zu wohl gehen" auch nicht recht zu. Unter denen, die für die Bewegung wirken, habe ich wenig reiche Bourgeoisfrauen bemerkt, wenig Bankierstöchter, Gräfinnen und Prinzessinnen, dagegen desto mehr arme Lehrerinnen und Beamtentöchter, d. h. solche, die an Leib und Seele des Lebens bittres Weh erfahren. Nicht der volle Magen, sondern das volle Herz erzeugt vorzugsweise revolutionäre Ideen.

Übrigens macht der Verfasser im Verlauf seines Buches noch andere Bemerkungen von gleichem historischem Tiefsinn.

Wenn er z. B. von der großen französischen Revolution sagt: *"Seiner Überzeugung nach bilde die Unzucht den Mutterschoss nicht bloß der sogenannten ‚Philosophie' jenes Jahrhunderts (des 18.), sondern auch des ganzen namenlosen Greuels von Kot und Bestialität, welcher in der Revolution zu Tage träte und den wesentlichsten Charakter derselben ausmache."*

Klingt das nicht, als ob Ludwig XV. und der Regent, der Orleans, die französische Revolution arrangiert hätten, um ihre Orgien einmal, der Abwechslung wegen, anstatt mit Champagner, mit Blut in Szene zu setzen?

Oder eine andere Stelle, wo er mit derjenigen Ehrfurcht, welche der fromme Christ den Gesalbten des Herrn, und wären sie selbst weiblichen Geschlechts, schuldig ist, den regierenden Königinnen das Wort redet, indem er meint, *"von der Familienmutter zur Landesmutter sei ja nur ein Schritt"*. Die Stellung einer Fürstin sei nur die erweiterte von derjenigen, die jede Frau in ihrem Hause einnehme. Man denke sich Katharina von Russland, die zügellose Priesterin der Liebe, die Heldin vor der zwei Erdteile zitterten, als Landesmütterchen!

Herr Jacobi tritt hier seinem Seelenfreund entgegen; er will von Königinnen nichts wissen; "denn", sagt er, "wenn von einem Regenten Einsicht in den innern Zusammenhang des Staatslebens, Erwägung und Beurteilung der volkswirtschaftlichen und militärischen Bedingungen der Wohlfahrt des Staatslebens gefordert wird, dann scheint es mir unmöglich zu sein, die Zügel der Regierung in die Hand der Frauen zu legen".

Wenn meine Mittel es mir erlaubten, würde ich Herrn Jacobi zu Weihnachten Beckers Weltgeschichte schenken. Er könnte daraus hinreichende Belehrung über diesen Gegenstand schöpfen. Nachdem Herr von Nathusius die historische Übersicht beendigt, bemüht er sich mit viel Gemüt und so viel Verstand als ihm zu Gebote steht, der Frau die Berechtigung für den wirtschaftlichen Beruf abzusprechen.

Er will nicht geradezu leugnen, *dass es wirklich Unglückliche gäbe, die zur Notarbeit gezwungen seien.* Freilich sagt er : *Die Selbständigkeit ist der Frau eine Unnatur, das Alleinstehen entweder ein freudiges, reines Opfer, oder eine traurige, und wenn wirklich völliges Alleinstehen, in den meisten Fällen doch selbstverschuldete Notwendigkeit."*

Man höre: *"eine selbstverschuldete Notwendigkeit!"* Wahrscheinlich meint er damit, dass die Witwen, (er selbst führt an, dass in Berlin z. B. 80 Prozent derselben Almosenempfängerinnen sind) ihre Männer umgebracht haben. Er bemüht sich nun, Mittel und Wege anzugeben, wie die geringe Zahl der auf Notarbeit Angewiesenen dem furchtbaren Verhängnis der — Selbständigkeit zu entziehen und auf ein Minimum zu reduzieren sei.

Er sagt Seite 54: *"Es ist eine von Eltern stets im Auge zu behaltende Pflicht, Übrigbleibende irgendwie zu ‚versorgen'. Wie manche kleine Rente gibt es"* usw.

Diese Mahnung geht an euch, ihr Beamte, Künstler, Pastoren, Professoren, Schriftsteller; denn ihr seid ja die Hauptlieferanten des weiblichen Notstandes. Augenscheinlich seid ihr Prasser, Schlemmer; denn anstatt von euren paar tausend Talern Einnahme ein kleines Kapital für eure Töchter zurückzulegen, klagt ihr wohl auch noch, ihr Wüstlinge, dass ihr nicht auszukommen im Stande seid!

Spart, meine Herren, spart! Hungert, wenn es nötig ist! Es gilt, eure Töchter eines Tages hinter dem warmen Ofen ihre Hände in den Schoss legen zu lassen, damit nicht aussterbe das liebenswürdige Geschlecht der boshaften alten Jungfer.

Sie fahren fort, Herr von Nathusius, und erinnern daran, *"wie manche alte Veranstaltungen zum Einkauf in Stiftern es gibt. Das Naturgemäße aber,* meinen Sie, *sei der Anhalt lediger Frauen an die Angehörigen".* Das *"Dienen um Liebe".*

Was Stiftungen betrifft, so weiß ich wohl, dass es z. B. in Hannover Stifter gibt, wo adeligen Fräulein ein Häuschen mit 10—12 Zimmern zur Disposition gestellt wird, nebst einem Lakaien, einer Equipage usw.; dass es aber sonst armen jungen Mädchen ohne Sippe gelungen sei, in ein Stift zu treten, gehört wohl zu den allergrößten Seltenheiten.

"Anschluss an die Familie" fordern Sie vor Allem.

Wir haben eben erst von Ihnen erfahren, dass der Mittelstand kleine Renten für die Töchter zurücklegen soll, und nun soll derselbe Mittelstand zugleich noch arme Verwandte erhalten! Sie machen erstaunliche Ansprüche, Herr von Nathusius, an die Geldsäckel — anderer Leute.

Sie sprechen bei dieser Gelegenheit von der Wohnungsnot der großen Städte (ein Zimmer kostet durchschnittlich in Berlin in Mittelwohnungen 100 Taler, die Wohnungskosten allein würden sich also für die arme Verwandte auf 100 Taler belaufen), fügen aber sofort beschwichtigend hinzu , *"die ledigen Mädchen brauchten ja nicht gerade in den Großstädten zu wohnen"*. Aber, werter Herr, Sie fordern ja auf derselben Seite Anschluss an die Familie, und es lässt sich doch nicht immer tun, dass eine Familie um einer notleidenden Tante, Kusine oder Schwester willen aufs Land zieht.

"Ich kann mir nicht denken, fahren Sie fort, dass deutsche Familienliebe keine Zuflucht mehr bieten würde." Und doch ist es so. Dass eine notleidende Verwandte äls vollberechtigtes und geliebtes Familienmitglied in einen Hausstand eintritt, gehört allerdings zu den Ausnahmen, und das Widerstreben, mit dem dieselbe in den meisten Fällen aufgenommen wird, hat auch seine volle Berechtigung, nicht nur aus pekuniären, sondern auch aus sittlichen Gründen, deren Erörterung mich hier zu weit führen würde.

Nur in jüdischen Familien habe ich diese, über den engen Kreis der eigentlichen Familie hinausgehende Verwandtenliebe gefunden, die Herr von Nathusius überall voraussetzt.

Und mit welchem sittlichen Recht, frage ich, lebt diese Verwandte von der Arbeit des Mannes ihrer Schwester oder ihres Bruders, der im Schweiße seines Angesichts für seine eigene Familie arbeitet, und der seinen Kindern entziehen muss, was er der Verwandten schenkt?

"Sie mag die Kosten ihres Unterhaltes durch Hausarbeit verdienen", wendet Herr von Nathusius ein. Aber gerade nach den Anschauungen dieses Herrn bedarf die tüchtige Hausfrau keiner Hilfe, um so weniger, wenn ihre Töchter herangewachsen sind. Und eine " *Zuflucht*" nennen Sie es ja selber, die den ledigen Mädchen geboten werden soll. Warum aber um des Himmels willen soll denn ein

gesunder, arbeitsfähiger Mensch eine *Zuflucht* suchen? Zuflucht gebührt Kranken, Blödsinnigen und Altersschwachen.

Es ist nicht nur eine Schande für Gesunde, das Gnadenbrot zu essen, sondern auch eine Gottlosigkeit, Herr Pastor; denn der Herr fordert, dass wir mit dem Pfunde wuchern sollen, das er uns verliehen.

Aber nehmen wir einmal an, eine jede ledige Frau fände einen Familienanschluss, eine Rente, oder eine Stiftung, sie aufzunehmen, so wäre damit durchaus nicht der Not des weiblichen Geschlechts gesteuert. Herr von Nathusius scheint der Meinung, dass es das einzige Lebensziel der unverheirateten Frau sei, nicht zu verhungern. Sie selbst aber sagen ja an einer Stelle: *"Der Mensch lebt nicht von Brot allein."* Der Leib möchte dabei bestehen, aber die Seele ginge dennoch in den meisten Fällen zu Grunde. Nur das Bewusstsein, ein nützliches Mitglied der menschlichen Gesellschaft zu sein, macht das Leben lebenswert. "Ein zweckloses Dasein ist ein früher Tod."

Indessen will der Verfasser den unglücklichen ledigen Frauen, die ihren Beruf verfehlt haben, drei Berufsarten als Notarbeit gütigst gestatten:

"Den Beruf der Diakonissin, der in seiner Erweiterung den Hebammendienst einschließt, und — man staune — den Beruf der Ärztin."

Kaum hat aber Herr von Nathusius das kühne Wort gesprochen, so überkommen ihn Gewissensskrupel, die er durch folgende Einschränkungen zu beschwichtigen sucht:

"Es wird aber sehr darauf ankommen, dass dieses Stück der ‚Frauenfrage' in die rechten Gleise geleitet werde. Will man es als weiter nichts als ein Stück Konkurrenz des weiblichen Geschlechts mit dem männlichen behandeln, ohne die eigentümlichen Gaben und Grenzen beider auch darin innezuhalten, will man mit einem Worte Doktoren im Krinolin etwa mit der Brille auf der Nase (bei uns werden Brillen nicht zum Unterschied des Geschlechts, sondern schwacher oder kranker Augen wegen getragen) *und dem Spazierstöckchen in der Hand schaffen und umherlaufen lassen, so ist zu fürchten, dass diese Konkurrenz scheitert und das Ganze mit einem lächerlichen Versuche endigt."*

*"Es wird sich der Beruf von Heilfrauen auf Frauen und Kinder be-
schränken (selbstverständlich), er wird sich vorzugsweise auf Frauen-
und Kinderkrankheiten zu werfen haben. Es wird eine männliche Überlegenheit der Ruhe des Verstandes, der Energie, auch in diesem Beruf wie
überhaupt in der Natur beider Geschlechter begründet bleiben."*

Ich möchte wohl die Frau sehen, die sich oder ihre Kinder einem
weiblichen Arzt anvertrauen würde, wenn sie diesem weniger Ruhe, Verstand und Energie als dem männlichen zutraute! Nicht eine
Katze würde ich von einer solchen Ärztin kurieren lassen, Herr von
Nathusius.

Sie fahren fort: *"Es wird In Summa, zum Gedeihen der Aufgabe selbst,
nicht eine Koordination, sondern eine gewisse Begrenzung des weiblichen
Heilberufes, wodurch er sich als Ergänzung des männlichen darstellt, das
Rechte sein... Einen Schritt über die Krankenpflegerinnen hinaus haben
unsere Diakonissenhäuser bereits getan mit der Ausbildung von Apotheke-
rinnen. Sollten nicht sie gerade (Ich will den Gedanken einmal kühn her-
auswerfen) den Beruf dazu haben, noch einen entscheidenden zweiten
Schritt weiter zu tun und geradezu auch Heilgehilfinnen für Frauen und
Kinder aus sich herauszubilden, ja – ich wage noch einen Ausdruck mehr
– graduierte Schwestern, in ihrer Art gelernte Ärztinnen... Wenn man
von Kaiserwerth (Ich nenne einen Namen für alle) solche Personen erhalten könnte, die auch noch etwas mehr Heilkunde verständen, für einen
gewissen Berufskreis approbiert wären – würden nicht Tausende von
Pastoren mit Freuden zugreifen?"* Was haben denn die Pastoren damit
zu tun?

"Etwas mehr Heilkunde – für einen gewissen Berufskreis approbiert!"

Aus dem geheimnisvollen Dunkel dieser Worte erhellt nicht, wie
sich Herr von Nathusius die Begrenzung der medizinischen Frau-
enstudien denkt. Ich fürchte, sein Widerwille gegen weibliches Studium führt ihn hier zu einer entsetzlichen Lieblosigkeit gegen das
halbe menschliche Geschlecht, das er Pfuscherinnen in die Arme
treiben will.

Meint er vielleicht, Frauen dürften etwa das Kurieren der Masern,
des Scharlachs oder hysterischer Frauenzustände erlernen, und
damit Punktum? Ja, Herr von Nathusius, wenn nur das Blut nicht
wäre! das Blut, das alle Organe gleichmäßig durchdringt und nährt
– überhaupt nicht der lästige Zusammenhang aller Organe des

menschlichen Körpers, und zwar so, dass Sie bei völlig gesundem Gehirn rasende Kopfschmerzen haben können, weil Sie mit einer Stockung der Unterleibsfunktionen behaftet sind, und dass Sie Ihre ganz gesunden Beine nicht ordentlich in Bewegung setzen können, weil Ihr Gehirn krank ist. In neuester Zeit ist man, und wohl mit Recht, misstrauisch gegen Spezialärzte geworden, weil bei ihnen die Befürchtung nahe liegt, dass durch eine andauernde Beschäftigung mit einem einzelnen Organ der Blick für die physischen Zusammenhänge in ihrer Totalität getrübt werden könnte. Und Sie wollen uns mit dilettantisch ausgebildeten Spezialärztinnen beglücken? Das heißt ja förmlich Kindermord predigen.

Kann man überhaupt in der ärztlichen Praxis von einem "mehr oder weniger schwer" sprechen, so würde wohl die Behandlung der Kinderkrankheiten darum als das Schwierigere sich herausstellen, weil die Kinder den Arzt, um zur Diagnose der Krankheit zu gelangen, wenig oder gar nicht durch eigene Angaben unterstützen können.

Als dritte Berufsart lässt Herr von Nathusius die Lehrerin gelten und *"erschrickt nicht vor dem Gedanken von Elementarlehrerinnen für Knaben"."Wie viel billiger"*, meint er, *"würde eine Lehrerin dem Gemeinde- oder Patronatssäckel zu stehen kommen."* Wieder der herrliche Grundsatz, selbst bei geistiger Arbeit nicht die Leistung zu bezahlen, sondern nur so viel als der Leistende eben braucht, um nicht zu verhungern. Den Unterricht der Frauen an höheren Schulen will Herr von Nathusius ausgeschlossen wissen, schon *"um deswillen, weil seiner Überzeugung nach jede Kollegialität zwischen Männern und Frauen sich nicht nur als verderblich, sondern auch als dauernd unausführbar, weil widernatürlich, erweisen dürfte"*.

Herr von Nathusius begründet seine Ansicht an dieser Stelle nicht näher. Warum, fragen wir uns erstaunt, hält er diese Kollegialität für widersinnig und verderblich, obgleich dieselbe seit vielen Jahrzehnten in den Elementarklassen und Volksschulen, der großen Städte wenigstens, besteht, ohne dass unseres Wissens jemals widernatürliche Erscheinungen dabei zu Tage getreten wären?

Hält er vielleicht unsere soliden, ehrbaren deutschen Lehrer und Familienväter für lauter verkappte Don Juans, oder sieht er diese Kollegialität wie einen Feldzug zwischen den beiden Geschlechtern an, bei dem die Eitelkeit der männlichen Kollegen Wunden davontragen könnte?

Ich verstehe hier Herrn von Nathusius ganz und gar nicht.

Zweitens schliesst er die Frau von höheren Schulen aus, *"weil eigentlich gelehrte Bildung stets außerhalb des Frauenberufs liegen bleiben wird und muss"*.

Gelehrte Bildung scheint Herrn von Nathusius als etwas besonders Wunderbares und Erhabenes vorzuschweben.

Gelehrt, Herr von Nathusius, kann ein Jeder werden, der, mag sein Verstand immerhin mäßig, ja dürftig sein, recht viel — verzeihen Sie den vulgären Ausdruck — Sitzfleisch hat; und Fleiß und Ausdauer hat meines Wissens noch niemand den Frauen abgesprochen.

Die Erziehung der Kinder halten Sie und mit Ihnen die ganze gebildete Welt für den vornehmsten und geeignetsten, wenn nicht ausschließlichen Beruf der Frau. Und Sie, ein Mann mit männlichem Verstand, Sie glauben im Ernst, dass weniger logischer Verstand, weniger Intelligenz dazu gehört, eine Kinderseele zu verstehen und zu entwickeln, als sich *"gelehrte Bildung"* anzueignen?

Ich sage Ihnen: Kindererziehung ist die höchste und schwerste aller Berufsarten, und unter allen Menschen, Frauen und Männern, sind wenige so hochbegnadet, so auserwählt, um dieses Amtes nach Gottes Willen zu warten.

Über die herkömmliche mütterliche Erziehung, die man mit einem Heiligenschein zu umgeben liebt, spreche ich ein ander Mal.

"Den Frauen gelehrte Bildung zu geben", sagt der Verfasser an derselben Stelle, *"ist meiner Anschauung nach eine Erniedrigung der Frauen aus einer viel edleren Sphäre heraus, und neben der Verschraubung der Frauen zugleich eine Beraubung der Männer, die in ihrer eigenen Wissensplackerei darauf angewiesen sind, eine Erquickung an der ungelehrten und eben deshalb sehr oft klügeren oder weiseren Frau zu haben."*

Seht diese edlen, opferfreudigen Männer, die, auf höhere Klugheit und Weisheit verzichtend, in eine niedere Sphäre steigen, wahrscheinlich, um den Frauen als abschreckendes Beispiel zu dienen! Meint aber der Verfasser, dass Klugheit und Weisheit ohne

Mühe und Bildung den Frauen zufällt, wie das Glück aus dem Schoss der Götter, so wären die Frauen höhere Wesen, und eine Weltordnung, die sie den Männern unterordnet, wäre eine Lästerung der Natur und Gottes.

"Die Männer in ihrer Wissensplackerei", sagen Sie. Ich weiß nicht, wie groß die Plackerei ist, eine Predigt auszuarbeiten; ich kenne aber Männer der Wissenschaft, denen ihre Studien die höchste Erquickung und Freude, das wahre Leben sind. Und sollte *man* nicht aus Ihrem Satz von der Wissensplackerei schließen, dass alle Männer Gelehrte seien?

Sie selbst aber, Herr von Nathusius, verhöhnen ja Frau *Stahr*, weil sie an einer Stelle sagt, dass Frauen zu der Bildung berechtigt seien, die jetzt kaum noch einem Manne fehle, indem Sie ausrufen: *"Wie herrlich kennt beiläufig gesagt die literarische Salondame das wirkliche Leben, wenn sie die Männer durch die Bank mit ein paar Ausnahmen für ,gebildet' erklärt, da es doch in der Tat nur ein paar Prozent derer gibt, die man auch nur irgend halbgebildet nennen kann, und sicher weniger als ein Prozent literarisch gebildeter."*

Und Sie verlangen, dass nach dem Geschmack und den Anforderungen dieses halben Prozentes die Frauen ab- und zugerichtet werden sollen?

Mehr Gedächtnis, Herr von Nathusius!

Worin übrigens das erfrischende, anmutige *Geplauder* der einfachen, ungeschulten Frau, wie Sie sie wünschen, *"mit Bruchstücken von Elementarkenntnissen und selbst ohne sie"* besteht, davon weiß mancher Eheherr ein Lied zu singen. Aber über den Geschmack lässt sich nicht streiten; der Eine hört lieber über große Wäsche, nichtsnutzige Dienstmädchen und böse Nachbarinnen plaudern, ein Anderer zieht andere Gegenstände der Unterhaltung vor.

Wer aber, Herr von Nathusius, erquickt denn nun die armen Frauen nach ihrer schweren Tagesarbeit? Denn Sie werden mir zugeben: was dem Einen recht ist, ist dem Andern billig.

Hören wir nun aber endlich einmal, ehe wir Herrn von Nathusius weiter nachstellen, die Meinung des Herrn *Jacobi* über das Verhältnis der Frau zur Wissenschaft.

"Es scheint mir bewiesen", sagt der gelehrte Herr, *"dass es kein Gebiet menschlicher Tätigkeit und menschlicher Erkenntnis gibt, das an sich dem weiblichen Geschlecht verschlossen wäre."* Woraus schließt das Herr Jacobi? Wahrscheinlich aus dem Umstande, dass eine so große Zahl von Frauen im Staatsdienst oder in der Stadtverwaltung eine auskömmliche Existenz gefunden haben!

"Auch die schwierigsten Untersuchungen der Wissenschaft sind dem weiblichen Geschlecht keineswegs unzugänglich."

Damit kann der Herr Professor nur das Eine meinen, nämlich, dass die Männer ihre Bücherschränke nicht verschließen. Und in der Tat geschieht das auch nur ausnahmsweise. Mit einigem Aufwand von Energie können Damen selbst öffentliche Bibliotheken benutzen, sämtliche Kunstsammlungen sind ihnen zugänglich usw. Ach, Herr Professor, das alles nützt den Frauen ganz und gar nichts. Sie würden vor diesen Schätzen stehen wie ein Dieb vor einem Arnheim'schen Geldschrank: den Schlüssel hat er in der Hand, das Geheimnis des Schlosses enträtselt er nimmer, nur dem Besitzer ist es bekannt.

Natürlich hinkt das Gleichnis, und zwar stark; denn die Frau ist in diesem Fall nicht der Dieb, sondern die Beraubte. Stärker als Schloss und Riegel, fast unüberwindlich sind die Schranken, die Sitte, Vorurteil, Gewohnheit und Erziehung ziehen. Nur der genialsten Begabung, verbunden mit energischem Willen und starken Nerven, gelingt es zuweilen über sie fortzuschreiten. Gründliche Vorbildung ist die Wünschelrute, welche die Schätze der Wissenschaft den Wissensdurstigen eröffnet.

Die Wissenschaften sind die Wasser des Lebens, die erquickend und befruchtend allen reinen Geistern fließen.

Ja, *uns*, den Männern! — rufen die Herren der Schöpfung — der Frauennatur sind sie Gift.

Ich aber glaube, dass die Männer hierbei bösartig und egoistisch verfahren, wie jene Hausväter, die auf Flaschen besonders guten alten Weins das Etiquette "Gift" kleben, damit die Hausgenossen sich's nicht sollen einfallen lassen davon zu naschen.

Ein wirkliches Gift aber reicht man bereitwillig den Frauen: Opium!

"Es studieren bereits Frauen", belehrt uns Herr Jacobi weiter, *"aber wir behaupten, dass diese weiblichen Studenten ihr Ziel auf Kosten leiblicher Gesundheit und seelischer Anmut erreichen."* Woher wissen Sie das, Herr Professor?

Können Sie beschwören vor Gott und Menschen, dass Sie jemals mit einer Studentin verkehrt haben? Ja oder nein? Antworten Sie: nein, so haben Sie, ein Pastor, eine wissentliche Unwahrheit gesagt; denn etwas behaupten, von dem man weiß, dass man es nicht weiß, heißt lügen. Antworten Sie aber: ja, ich habe schon einmal in meinem Leben von fern eine an Leib und Seele kranke Studentin wahrgenommen, so beweist das natürlich gar nichts; denn eine Schwalbe macht keinen Sommer.

"Sie geht zu Grunde", sagen Sie, *"und zwar ohne die Wissenschaft zu fördern."* Letzterer Ausspruch, selbst wenn er richtig wäre, würde für die Sache ganz gleichgültig sein. Die Menschen sind nicht für die Wissenschaft, sondern die Wissenschaft ist um der Menschen willen da. Würden die Studentinnen nur durch die Wissenschaft gefördert, so wäre dieser Grund vollkommen ausreichend, ihnen dieselbe zugänglich zu machen. Was meinen Sie, Herr Professor: wenn nur solche Männer studieren dürften, die die Wissenschaft förderten, ob die Zahl unserer studierten Herren wohl eine sehr große wäre? Ob Sie selbst, Herr Jacobi, als Professor der Theologie in Königsberg fungieren würden? Doch das nur nebenbei.

Sie fahren fort: *"Der weibliche Organismus ist zarter als der männliche und bedarf eines höheren Maßes von Schonung. Soll aber wissenschaftliche Tüchtigkeit erworben werden, so ist eine angestrengte Arbeit unerlässlich. Welche Verwüstung der Gesundheit des weiblichen Geschlechts wird die Folge sein, wenn es sich einer ernsten wissenschaftlichen Arbeit unterziehen würde! Ja es kann die Frage aufgeworfen werden, ob nicht schon die Forderungen, die gegenwärtig an die weibliche Jugend gestellt werden, ihrer körperlichen Entwicklung Schaden bringen. Ein Teil der Schuld der weiblichen Nervosität trifft die Schule."* Wir erfahren von Herrn Jacobi, dass unter zwanzig Mädchen, die das 15. Jahr erreicht haben, nur sieben von Verkrümmungen und Missgestaltungen frei sein sollen.

Anstatt nun die schweren Übelstände der gegenwärtigen Zeit, denen so furchtbare Folgen entwachsen konnten, in Erwägung zu ziehen, knüpft Herr Jacobi an diese traurige Tatsache die Prophezeiung einer noch trübseligeren Zukunft, in der, mit Hilfe der Wissenschaft, Gott der Herr die Schale seines Zornes in Gestalt epidemischer Schiefheit über das ganze weibliche Geschlecht ausgießen würde. *Der weibliche Organismus ist zarter, bedarf einer größeren Schonung.* So?

Aber das Waschen Tag und Nacht (um von den niederen Ständen zu reden), die schwere Feldarbeit neben der häuslichen, das unausgesetzte Nähen, die Maschinenarbeit und vor allem der Umstand, dass arme Frauen einen bis zwei Tage nachdem sie geboren, ihre harte Arbeit wieder aufnehmen müssen (obgleich es ein Naturgesetz gibt, und diesmal ein wirkliches, dass sie neun Tage ruhen sollen), alles das beeinträchtigt die weibliche Gesundheit nicht — aber das böse, böse Studieren! Ich will Ihnen sagen, Herr Professor, was die Gesundheit der Frauen untergräbt, und sie ist in der Tat untergrabener, als Sie vielleicht denken. Nach den Erfahrungen, die ich gemacht habe, glaube ich nicht zu übertreiben, wenn ich sage, dass 2/3 aller Frauen krank sind, meist unterleibskrank.

Zuvörderst sind die Handarbeiten, zu denen man in allen Ständen (die höchste Aristokratie ausgenommen), vorzugsweise aber in den Mittelklassen das weibliche Geschlecht von frühester Jugend an abrichtet, ein wahres Gift für Seele und Körper. Wenn der Knabe nach beendigter Schulzeit seine jungen Kräfte durch Springen, Laufen, Turnen, Balgen weckt und übt, sitzt das Mädchen, das arme Opfer einer abgeschmackten Sittsamkeit, beim Strick- oder Nähzeug im Zimmer. Wie oft habe ich in hochgestellten Beamtenfamilien kleine Mädchen von 6—8 Jahren getroffen, die nach kaum beendigten Schularbeiten mit ihren Strickstrümpfen steif und still dasaßen und nicht zum Abendbrot kommen durften, bevor sie eine bestimmte Zahl von Touren abgestrickt.

Ein solches Verfahren, dessen Barbarei nur von vorzugsweise intelligenten Familien begriffen wird, mag oft genug den Keim zu späteren Unterleibskrankheiten legen; in jedem Fall aber, indem man dem wachsenden Körper die absolut notwendige Bewegung und somit die Möglichkeit seiner Ausbildung entzieht, versäumt man, den weiblichen Organismus für die späteren Strapazen der Mutterschaft zu stählen.

Ein zweiter und ein Hauptübelstand, von dessen Tragweite die Männer wohl kaum eine Ahnung haben, ist der Mangel weiblicher Ärzte. Fast keine Frau vertraut sich bei einem Unterleibsleiden einem männlichen Arzt an, so lange ihr Zustand nur irgend erträglich ist und sie ihr Leben nicht gefährdet glaubt.

In Folge dieser Unterlassungssünden arten unbedeutende Störungen, die bei rechtzeitiger ärztlicher Behandlung leicht zu beseitigen wären, nur zu oft in lebenslängliches Siechtum aus.

Drittens: Bei begabten Naturen wirkt der Mangel geistiger Tätigkeit erschlaffend auf die Nerven — ein Übel, dem allerdings in den niederen Ständen durch angestrengte Körperbewegung ein Gegengewicht geschafft wird. Es gibt noch einige andere Gründe der Kränklichkeit des weiblichen Geschlechts und seiner gesteigerten Nervosität; doch diese, wenn auch im tiefernsten Sinn, zu berühren und zu besprechen erlauben unsere Sitten nicht.

Dass auch angestrengte geistige Arbeit ohne entsprechende körperliche Bewegung der Gesundheit Schaden bringt, ist selbstverständlich, und das gilt in gleichem Maß für Knaben wie für Mädchen, für Männer wie für Frauen. Ein Hauptaugenmerk der Erziehung der Zukunft wird in der Herstellung des Gleichgewichts zwischen körperlicher und geistiger Tätigkeit zu suchen sein. Ein strahlendes Beispiel seien uns die Griechen.

Der Herr Pastor fährt fort:

"Aber nicht minder wie der leiblichen ist der seelischen Entwicklung des Weibes wissenschaftliches Studium verderblich. Das innerste Wesen der weiblichen Natur wächst aus der Vereinigung zweier Wurzeln empor, der Anmut und Naivität. Mag die Schönheit der körperlichen Erscheinung nicht jedem Weibe gewährt sein, die Schönheit der Seele kann und will sich in jedem entfalten, das ihr Wachstum nicht hindert, und die Schönheit der weiblichen Seele tritt in Anmut und Naivität hervor. In der Anmut zeigt sich die leicht erworbene Herrschaft der Seele über die Fülle ihrer Gefühle, so wie die harmonische Einheit, zu der sich diese vereinigt haben. Und in der Naivität des weiblichen Sinnes erschließt sich die prophetische Gabe des menschlichen Geistes, offenbart sich die Fähigkeit, die Welt zu erkennen, ohne die sonst gültigen Bedingungen der Reflexion, des Urteils, des Schlusses, der Beobachtung zu erfüllen. Die Gabe der Intuition verleiht dem weiblichen Geiste den Charakter der Genialität und Originalität. Es

kann aber keinem Zweifel unterworfen sein, dass angestrengte geistige Arbeit sowohl die Anmut wie die Naivität vernichtet ... Naivität ziemt dem Manne nicht, in seinem Munde empfängt sie immer einen Beigeschmack des Komischen, während sie uns im Munde der Frau entzückt... Das innerste Wesen der weiblichen Natur die Anmut!" Dieselbe Ansicht vertritt Herr von Nathusius indem er sagt:

"Männlichen Verstand wird man der Frau nicht geben können, man lasse ihr die Anmut." Anmut, meine Herren, hängt im Allgemeinen von körperlichen Bedingungen und nationaler Anlage ab. Aus ihren Ansprüchen folgt zunächst, dass viel mehr in den Südländerinnen, Italienerinnen, Spanierinnen usw., *"das innerste Wesen der weiblichen Natur zur Erscheinung komme"*, als in der deutschen Frau, die in Bezug auf Anmut nicht wert ist, ihren dunkeläugigen Schwestern die Schuhriemen zu lösen. Ich bestreite, dass die deutsche Frau im Allgemeinen anmutig ist, und erwarte den Gegenbeweis, der vielleicht so zu führen wäre, dass der Herr Professor mir ein Dutzend anmutiger Weiber seines Kirchensprengels in Königsberg vorführte, Frauen, die nachweisbar niemals vom Gift höherer Töchterschulen genascht haben. Nur ein Dutzend — und ich will widerrufen, was ich gesagt.

Und was für Folgerungen, Herr Professor, ziehen Sie aus der statistischen Angabe, die Sie selber machen, dass 2/3 aller deutschen Frauen verkrümmt und mißgestaltet seien?

In welchem Verhältnis stehen Anmut und Mißgestaltung? Sollte die eine die andere vielleicht ausschließen? Ihre Meinung darüber zu hören, würde mir sehr interessant sein. In Berlin und Umgegend sind vorzugsweise die Bäuerinnen und die Frauen aus dem Volk, also diejenigen Stände, die gewiss nicht von des Gedankens Blässe angekränkelt sind, von erschreckender Plumpheit. Man besuche die Vergnügungsorte des Volkes, um sich davon zu überzeugen.

Anmut habe ich in Deutschland nur bei Aristokratinnen gefunden, bei denen die Grazie der Haltung und Bewegung eine Art Familientradition bildet, und bei vorzugsweise intelligenten und feingebildeten Frauen. Die Aufgabe der deutschen Erziehung in dieser Richtung würde zu suchen sein, nicht in der Erhaltung der Anmut (wo nichts vorhanden ist, lässt sich natürlich nichts erhalten), sondern in der Heranbildung zur Anmut oder in der Erzeugung derselben durch geeignete körperliche Erziehung, Gymnastik usw.

Ich bewundere aufrichtig diese Pastoren, die Musse genug haben, neben ihren anstrengenden Berufsarbeiten sich mit so gründlichen Studien über weibliche Natur und Menschenwesen zu befaßen, die in den tiefsten Gründen philosophischer Spekulationen und psychologischer Forschungen sich so sicher und heiter ergehen wie in ihren Gemüsegärten und dabei vom Baum ihrer Erkenntnis unantastbare Wahrheiten wie reife Birnen pflücken.

Und wie müssen die Frauen, die sonst so verschwiegen sind, wenn es sich um ihr geheimstes Fühlen und Denken handelt, ihr ganzes Wesen diesen Seelsorgern erschlossen haben, um ihnen Material für ihre Studien zu liefern! Denn vermittelst der Intuition können diese Herren zu ihrem Erkennen der innersten Frauennatur nicht gelangt sein. Intuition, das haben wir ja von ihnen eben erst gelernt, ist einzig und allein Attribut der *Frauen*! Oder sollten sich die Herren nur einiger abgenutzter fadenscheiniger Phrasen bedienen?

"Die Schönheit der Seele kann sich in jedem Weibe entfalten, das ihr Wachstum nicht hindert" (dadurch, dass sie zu viel lernt). Was geben Sie mir, Herr Professor, für jede weibliche Seele, die ich Ihnen nachweise, und die, ohne jemals der Lust des Denkens und Lernens gefrönt zu haben, roh und hässlich von Hause aus, im Fühlen und Denken sich offenbart?

Sie suchen die Schönheit der weiblichen Seele lediglich in Anmut und Naivität. Sind Sie schon einmal in Italien gewesen? Ich bin dort entzückenden Geschöpfen begegnet, strahlend von Anmut, auf den Lippen nichts als Naivität, vom Reiz der süßesten Naturunmittelbarkeit umflossen. Ach, eine dieser schönen Seelen stahl mir mein Portemonnaie! Eine andere sagte mir mit schalkhafter Naivität die haarsträubendsten Indezenzen, eine dritte.., das kann ich gar nicht schreiben.

Und sollten Sie beide Seelsorger in ihren Gemeinden nicht ab und zu mit Matronen in Berührung gekommen sein, deren ganzes Leben heilige Pflichterfüllung war, ein Leben in Gott, voll Aufopferung und Entsagung, Matronen, denen trotz alledem nicht ein Hauch von Anmut oder Naivität anhaftete?

Unter Naivität kann man so vielerlei verstehen. Schiller nennt Goethe einen durch und durch naiven Dichter und Menschen. Im plattesten Sprachgebrauch pflegt man auch gewisse dümmliche Aussprüche junger Mädchen naiv zu nennen, bei denen sie wunderhübsche große Augen machen, schwarze oder blonde Lockenköpfe schütteln, und den Männern das behagliche Gefühl ihrer unendlichen Überlegenheit so recht zum Bewusstsein bringen.

Nehmen wir aber einmal an, der drollige Einfall, dass gerade nur geistige Arbeit die Anmut raube, sei eine Wahrheit, so müssten dennoch die Herren Pastoren die Existenz etlicher weiblicher Personen einräumen, denen Anmut und Naivität von Hause aus versagt ward (ich erinnere an die 75 Prozent Missgestalteter). Dürften dann nicht wenigstens diese von der Natur Verwahrlosten an die Krippen der Wissenschaft geführt werden? Die Herren Pastoren, die so gründliche Studien über Anmut gemacht haben, könnten ja Schiedsrichter sein und erbarmungslos jedes weibliche Wesen, an dem noch ein Faserchen von Anmut und Naivität nachweisbar wäre, zurückweisen!

"In der Anmut zeigt sich die leicht erworbene Herrschaft der Seele über die Fülle Ihrer Gefühle, so wie die harmonische Einheit, zu der sich diese vereinigt haben." — Und diese harmonische Einheit, die meiner Meinung nach eins ist mit Weisheit, ist also eine den Frauen angeborene Kraft? Herr Jacobi hält die Harmonie der Seele, die mir als Frucht erscheint, für eine Blüte. Die volle Harmonie der Seele begreife ich nur als eine Folge der annähernd gleichmäßigen Ausbildung aller von der Natur in uns gelegten Kräfte, der Kräfte des Gemüts, des Verstandes, des Willens. Die Herren Pastoren indessen und mit ihnen die große Masse der Gebildeten und Ungebildeten finden die Harmonie der Frau darin, dass bei ihr die Grundkräfte der Menschenseele gleichmäßig unentwickelt bleiben, und sie verwechseln dabei Harmonie mit jener Passivität der Seele, jener passablen Zufriedenheit, deren sich diejenigen Frauen erfreuen, die in ihrem Denken und Fühlen über den engen Kreis des Hauses, in dem sie kochen, waschen und nähen, nicht hinauswachsen. Harmonisch erscheint diesen Denkern eine Frau, wenn sie nicht störend in den Kreis ihrer eigenen Gedanken und Freuden greift, wenn sie der Magnet sind, und die Frau die Sache, die ihnen unnachdenklich folgt.

Nach dieser Theorie wären auch der Mops, der sich behaglich in der Sonne dehnt, der Sperling, der in den Zweigen zwitschert, durchaus harmonische Wesen; und in der Tat, unbewusste Harmonie offenbart sich in jedem Gebilde der Schöpfung. Das aber unterscheidet die Harmonie des Menschengeistes von der der Natur, die unfrei und unbewusst hervorgebracht wird, dass jene das volle Bewusstsein der Persönlichkeit, Freiheit und Erkenntnis voraussetzt.

Der Herr Professor begnügt sich aber nicht damit, den Frauen die vollkommene Harmonie der Seele zuzusprechen. Da es ihm nichts kostet (nicht den kleinsten Gedanken), beschenkt er sie auch freigebig mit Originalität, Unmittelbarkeit, Intuition, Genialität usw.

Es ist mir von jeher aufgefallen, mit welcher Konsequenz für die holde Unmittelbarkeit der Frauen geschwärmt wird, für ihren intuitiven Geist, ihre Inspirationsgabe. Wird man pathetisch, so schreckt man selbst vor Schmeichelworten wie: Prophetin, Priesterin usw. nicht zurück.

Ich glaube, dass ich nach reiflicher Überlegung dem Grund dieser Galanterien auf die Spur gekommen bin.

Es kommt vor, dass wissenschaftlich gebildete Männer von beschränkten Geistesgaben mit wenig gebildeten aber außerordentlich klugen Frauen verheiratet sind. Diese beschränkten Männer werden nun ab und zu durch Aussprüche und Handlungen ihrer Ehehälften in Erstaunen gesetzt, deren Klugheit und Überlegenheit sich selbst ihren beschränkten Köpfen aufdrängt. "So hättest du", spricht der Mann heimlich zu sich selber, "der wissenschaftlich Gebildete, nimmer sprechen, nimmer handeln können." Daraus nun den einzig richtigen Schluss zu ziehen, dass die Frau klug und er dumm ist, kommt ihm nicht in den Sinn. Ein Naturgesetz muss entdeckt werden, damit der Mann nicht kompromittiert werde. Das Naturgesetz lautet: Zur Entschädigung für ihre sonstigen geistigen Mängel, zur Entschädigung für die allgemeine kolossale Überlegenheit der Männer, verlieh die Gnade Gottes den Frauen Unmittelbarkeit, Intuition, Inspiration, jene unvermittelte Weisheit, die ihnen wie Manna vom Himmel in die offenen Köpfe fällt. Diese Weisheit aber ist gebunden an die Unwissenheit der Frau; sobald sie sich Kenntnisse aneignet, geht sie dieser Gaben verlustig.

Der eine Dumme sagt's, er hat's gesagt, er sagt es wieder, und alle andern, Kluge und Dumme, sagen es ihm nach.

Ich habe mich vergebens in dem großen Kreise aller Frauen, die ich kenne (Frauen der Gesellschaft), umgesehen nach diesem Manna des Geistes. Ich habe keine Spur jener gepriesenen Unmittelbarkeit entdeckt, aber desto mehr Beschränktheit und nichts als elende Tradition im Fühlen und Denken, in Anschauung, Gesinnung und Lebensweise.

Fern sei es von mir, etwa überhaupt die Existenz jener herrlichen Gabe des prophetischen Blicks, der Intuition in Abrede stellen zu wollen; ich vermute sogar, dass die Quelle jeder grossen Dichtung, jedes wahrhaft idealen Kunstwerks in einer Inspiration zu suchen sei, an der die Reflexion nur geringen Anteil hat.

Ich behaupte nur, dass diese Gabe an kein Geschlecht gebunden sei; ich habe sie bei Männern und Frauen gefunden, oft bei Unwissenden, bei Halbgebildeten fast nie; denn die Halbbildung ist eine Gehirnbarrikade, die keine Ideen ein- und kein Denken ausläßt.

Ich kannte einen alten Bauer nicht weit von Berlin, von dem ich Aussprüche wahrhaft salomonischer Weisheit gehört habe. Leider ist er vor einigen Jahren gestorben, sonst würde ich den Herren Pastoren seine Adresse geben; die Aussprüche dieses Dorfweisen über geistliche Dinge würden die Herren in das höchste Erstaunen versetzt haben.

Niemals aber bin ich darauf gekommen, dass die unmittelbare Weisheit dieses Bauern eine Folge seiner Unwissenheit sei; ich habe dieselbe vielmehr stets für ein Zeugnis seiner natürlichen Begabung gehalten und neigte zu der Ansicht, dass er aus dem Holze sei, aus dem man Staatsmänner schnitzt. Als Staatsmann hätte er wahrscheinlich einen weittragenden Einfluss geübt, während nun all seine Weisheit verhallt ist, spurlos wie das Zwitschern eines Vogels im Gebüsch.

Als Pendant zu diesem Dorfweisen kann ich auch mit einer alten, tauben Näherin aufwarten, aus deren Munde wahre Perlen und Goldkörner praktischer Lebensklugheit fallen.

In der Tat, es bedarf eines dauerhaften Schirms der Bescheidenheit, um uns vor den Lobsprüchen, die die Herren Pastoren auf uns niederhageln lassen, zu schützen. Wir haben gar nicht gewusst, was für Engel wir sind!

Warum aber wurde uns göttergleichen Wesen die eine Weisheit versagt, den Schluss zu begreifen, den man aus der Fülle der uns verliehenen Herrlichkeiten zieht, den Schluss nämlich, dass die Frauen ein den Männern untergeordnetes Geschlecht seien? Wird durch diesen Schluss nicht das Lob verdächtig? Wenn wir Engel sind, und müssen doch den Männern dienen, was sind dann die Männer?

Am Schluss seiner Apotheose des weiblichen Geschlechts nimmt Herr Jacobi noch einmal seine ganze Geisteskraft zusammen, und indem er den Stab über alle Frauen bricht, die wissenschaftliche Bildung fordern, ruft er über sie die prophetischen Worte: *"Denken wir uns das weibliche Geschlecht in wissenschaftlicher Arbeit begriffen, so wird die Fähigkeit zur Inspiration versiegen, die Frische der Unmittelbarkeit wird erblassen, und was bleibt? Die Frauen werden wie die Männer werden, die Anziehungskraft, die bis dahin beide Geschlechter auf einander ausgeübt haben, wird Ihren Reiz verlieren, die Poesie des irdischen Lebens aber der Prosa und Langweiligkeit einer trostlosen Öde weichen."*

Warum sagen Sie es nicht gerade heraus, Herr Jacobi, Sie fürchten, dass demnächst das Menschengeschlecht auf den Aussterbe-Etat gesetzt werde?

Ich musste herzlich lachen, als ich die obige Stelle las.

Leider, leider, Herr Professor, spricht die positivste Erfahrung gegen Sie. Alle Frauen, von denen wir aus der Geschichte wissen, dass sie, anstatt sich mit den ihrem Geschlecht gegönnten Elementarkenntnissen zu begnügen, wissenschaftliche Bildung erstrebten und erlangten, haben — und ich gestehe freimütig, teilweise zum Schaden ihres Seelenheils — eine unwiderstehliche Anziehung auf Männer geübt. Denken Sie an die berühmten und gelehrten Französinnen der Zeit Voltaires, denken Sie an die Schiller- und Goethezeit, an die darauf folgende Epoche der Romantiker!

Ich nenne nur Charlotte von Kalb, Therese Huber, die beiden Carolinen, Frau von Stein usw. Selbst der strenge und reine Schiller liebte die gelehrte, bücherschreibende Schwägerin leidenschaftlicher als seine vortreffliche einfachere Gattin.

George Sand und Katharina von Russland wage ich nur mit niedergeschlagenen Blicken zu nennen. Und was sagen Sie zu der süßen Heloise, vielleicht der gelehrtesten Frau, die jemals gelebt hat? Ach, nicht die Gelehrsamkeit, die Liebe hat sie zu Grunde gerichtet. Freilich die Männer, von denen die erwähnten Frauen geliebt wurden, das waren Männer besonderen Schlages, unter ihnen die Ersten ihrer Zeit, und ich zweifle keinen Augenblick, meine Herren Pastoren, dass die physische und geistige Atmosphäre dieser Frauen Sie mit tiefem Widerwillen erfüllt haben würde, wie es überhaupt unzweifelhaft wahr ist, dass jedem Manne eine Frau komisch vorkommt, die klüger ist als er (wenn er es merkt, *notabene*). Die Überlegenheit der Frau nimmt der Mann fast immer wie eine persönliche Beleidigung auf. Einer Überzeugung aber lebe ich und sterbe ich: von dem Augenblick an, wo wissenschaftliche Leistungen der Frau ein paar tausend Taler jährlicher Einkünfte abwerfen, wird man ihr die gelehrteste Gelehrsamkeit nicht mehr nachtragen, und wo es gilt, ein männlich Herz zu rühren, wird sie mit dem hübschesten, naivsten Gänschen dreist konkurrieren können.

Herr von Nathusius ist genau der Meinung seines Wahlverwandten, dass wissenschaftliche Bildung die Frau unausstehlich machen müsse; er behauptet sogar: *"Wäre die Bildung der Geschlechter auf gleichen Fuß gestellt, so wären Mann und Frau hinfort, bis auf kleine Zufälligkeiten, einerlei Geschöpf."*

Aus diesem geistreichen Satz folgt mit Notwendigkeit, dass alle Männer bis auf kleine Zufälligkeiten einerlei Geschöpf sein müssten. Ich versichere Ihnen aber, Herr von Nathusius, es gibt Männer, die, obgleich sie, wie Sie, ein Gymnasium besucht und studiert haben, so himmelweit von Ihnen verschieden sind, wie ein Weißer von einem Neger, oder ein Stern von einem Irrlicht. Ich bin sogar der Meinung, dass ein Individuum, gleichviel ob männlichen oder weiblichen Geschlechts, je vielseitiger und vollkommener es seine Fähigkeiten ausbildet, sich um so mehr zu einer eigenartigen, originellen Persönlichkeit entwickeln muss.

Herr Jacobi hat uns in der wissenschaftlich gebildeten Frau das Zerrbild einer Frau gezeigt. Dieser sittlichen Vogelscheuche gegenüber stellt er uns nun das Ideal des Weibes hin. Er sagt: *"Es zeigt sich die Vertiefung des weiblichen Ideals durch das Evangelium darin, dass es den Schmerz in sich aufnimmt. Es ist die Verklärung des Schmerzes, in der sich die Geistigkeit und Sittlichkeit des christlichen Ideals als der Weiblichkeit offenbart."*

Von diesem Standpunkt aus lässt sich allerdings gegen die jetzige politische, gesetzliche und soziale Stellung der Frauen nichts einwenden; sie erscheint vielmehr als völlig zweckentsprechend. Jetzt verstehe ich: das sind die besten Ehemänner, die durch schlechte Behandlung um die Stirnen ihrer Gattinnen den Glorienschein der Schmerzverklärung weben!

Darum enthält man den Frauen jeden lukrativen Erwerb vor, damit sie in den Bitternissen der Armut die Seelen von den Schlacken eitler Vergnüglichkeit läutern sollen; darum entwickelt man ihre Intelligenz nicht, damit sie lernen mögen, in weisen Meditationen der Erde Weh zu überwinden!

Wie wäre es, wenn man zur Vervollkommnung dieser Idealität einige mittelalterliche Institutionen wieder ins Leben riefe: die Hexenverbrennungen etwa, die Geißelungen usw.?

Auch hier schließt sich Herr von Nathusius ganz dem Vorredner an, und er fügt noch hinzu : *"Die Frau ist stärker als der Mann leiblich und seelisch zum Ertragen von Schmerz, im Harren und Dulden."* Merkt es euch also, ihr meine Leidensgefährtinnen, eure Seelen sind stärker als die der Männer, aber nur im Ertragen von Schmerz, im Harren und Dulden, aber bei Leibe nicht etwa im Ertragen von Freuden und Genüssen! Die armen Männer müssen doch ein Äquivalent haben für eure Stärke im Dulden! Von den Herren Pastoren aber erwarten wir nun nichts Geringeres, als dass sie von der Kanzel herab feierlichen Protest erheben werden gegen den verderbten Geschmack derjenigen Männer, die an heiteren und vergnügten Frauen ein frivoles Behagen finden.

übrigens waren die Herren eines solchen Aufwandes von Geist gar nicht benötigt, um die Frauen von wissenschaftlichen Studien abzuschrecken. Herr Jacobi konnte sich ja begnügen, die Offenbarung die ihm geworden, dass Gott nämlich eigenhändig aus dem Gehirn der Frau die Klammer entfernt habe, vermittelst welcher die Männer die Wissenschaft packen und festhalten, kund zu tun.

Er beweist das, indem er sagt: *"In Preussen gibt es jetzt 7400 Lehrerinnen. Wir wollen zugeben, dass wir nicht erwarten können, sie auf den*

Gebieten des Wissens, welche die Kenntnis der alten Sprachen vorausset-
zen, tätig zu sehen. Aber es lässt sich nicht begreifen, weshalb sie nicht
literarhistorische und historische Forschungen anstellen könnten, welche
nur die Kenntnis der neueren Sprachen voraussetzen, dazu reicht die Bil-
dung völlig aus, die sie empfangen."

Dazu reicht die Bildung völlig aus! So? Mut hat Herr Jacobi, das muss man ihm lassen! Mit harmloser Sicherheit spricht er von Dingen, über die sich zu informieren er nicht der Mühe wert gehalten hat. Ich habe zufällig mein Lehrerinnenexamen gemacht und kann Herrn Jacobi die positivste Versicherung geben, dass, etwa 30 Gesangbuchlieder und eine entsprechende Anzahl Bibelsprüche abgerechnet, mein Wissen das Maß gewöhnlicher Elementarkenntnisse kaum überstieg und schwerlich den Bildungsstand eines Quartaners auf einem Gymnasium erreichte. Trotzdem war auf meinem Zeugnis zu lesen, dass ich zum Unterricht wohl befähigt sei.

Zu gleicher Zeit mit mir machte eine junge Dame das Examen, die in dem Kampfe zwischen "mir" und "mich" durchaus noch nicht Siegerin geblieben war. Indessen sie bestand.

Hätte mir damals jemand geraten, mich mit historischen Forschungen zu befassen, diese Worte würden mich als Hohn und Spott tief gekränkt haben. Es würde mich zu weit führen, sonst könnte ich den Herren aus dem Schulleben meiner Kinder Beispiele von Lehrerinnen-Bildung anführen, die geeignet wären, selbst bei einem Professor der Theologie den Glauben an die Wissenschaftlichkeit der deutschen Lehrerinnen zu erschüttern. Aber immer nur frischweg behauptet, sie weiß genug um wissenschaftliche Forschungen zu machen! Vielleicht findet sich doch irgend ein Dummer, der's glaubt.

Übrigens verweisen wir Herrn Jacobi auf seinen eigenen Ausspruch an einer andern Steile , *"dass die Lehrerin noch nicht oder kaum auf der Schwelle der Wissenschaft stehe"*. (Die Worte stehen auf den ersten Seiten der Broschüre; darum ist es erklärlich, dass der Herr sie auf den letzten Seiten bereits vergessen hat.) Demnach scheint das Missverständnis zwischen mir und Herrn Jacobi nur darin zu bestehen, dass wir mit dem Begriff "historische Forschung" ganz verschiedene Vorstellungen verbinden.

Herr Jacobi fährt fort: *"Die Lektüre des weiblichen Geschlechts wird sich im Ganzen immer auf die Schriften beschränken, welche sich an das Gefühl und die Phantasie wenden, auf unterhaltende und erbauende Schriften"*.

Herr Jacobi versäumt hier, Bücher, die diesen Zwecken entsprechen, anzuführen. Er geht sogar in seiner Bescheidenheit so weit, als erbauliche Schriften nicht einmal die Predigten des Herrn Professor Jacobi aus Königsberg und des Herrn von Nathusius zu empfehlen.

Ich vermute indessen, dass zur Förderung des Gefühls ihm vorzugsweise Schriftstellerinnen wie Ottilie Wildermuth und Elise Polko genehm sein möchten.

Zur Erweckung und Ausbesserung dürftiger Phantasien müsste natürlich Alexander Dumas (père) obenan stehen. Nicht wahr meine Herren, der "Graf von Monte Christo" ist das Ideal eines Frauenromans? Oder wie wäre es mit der Rehabilitierung der Räuber- und Ritterromane?

Ihr Eltern aber, die ihr gewissenhaft über das Seelenheil eurer Töchter wachen wollt, schreibt: "Gift" auf die Einbände eurer Klassiker, und ein sittsam Mägdelein schreite mit niedergeschlagenen Augen an euch vorüber, Schiller, Goethe, Lessing!

Man bilde nur Gefühl und Phantasie aus! Vortrefflich! etwa wie man bei einer Gans eine künstlich grosse Leber erzeugt, um ein Gericht für Gourmands herzustellen.

Man vergleicht Mädchen mit Blumen. Auch Disteln sind Blumen. Diese letzteren Mädchen-Blumen mögen sich vor gewissen Professoren in Acht nehmen!

Aber kommen wir auf Herrn von Nathusius zurück, den wir um Verzeihung bitten, ihn so lange vernachlässigt zu haben.

Obgleich Herr von Nathusius die oben erwähnten drei Berufsarten den Frauen gestatten will, so findet er schließlich doch, dass, um den Frauen in der Welt ein Fortkommen zu verschaffen, es wesentlich auf zweierlei ankomme *: 1) "dass in den Mädchen von früh auf Lust zur Tätigkeit und Gewöhnung an Tätigkeit geweckt wird, und 2) dass sie ebenfalls durch ihre ganze Erziehung eine Wertschätzung dessen, was schätzenswert, und eine Verachtung dessen, was verachtenswert ist, und dafür auch das Gefühl für rechte Beschäftigung bekommen. ist dieses beides* *da, sagt er, so habe ich nicht den mindesten Zweifel, dass es ihnen auch ihr ganzes Leben lang an Beschäftigung nicht fehlt und dass sie sich in jede Lage finden".*

Ach, Herr von Nathusius, leider ist die Zeit noch nicht gekommen, wo gute Eigenschaften bar bezahlt werden! Nicht das "Sein", das "Können" wird bezahlt. Von einem jungen Mädchen der gebildeten Stände fordern Sie als Gewöhnung an treffliche Tätigkeit die Sorge *"für eigene Kleidung und für jüngere Geschwister, die Beschäftigung im Gärtchen und in der lieben Tierwelt".*

Rechnen wir noch dazu, dass dieses Mädchen außer der Gewöhnung an derartige Beschäftigungen die Kenntnis besitze von dem, was verachtenswert und schätzenswert ist.

Darf ich Sie, Herr Pastor, wohl um gütige Belehrung bitten, womit ein solches Mustermädchen, später auf eigenen Erwerb angewiesen, sich standesgemäß erhalten soll? Hand aufs Herz gelegt! würden Sie selber dieses Mädchen, wenn Sie einen Park hätten, als Gärtnerin, wenn Sie Herden besäßen, als Schäferin, wenn Ihre Kinder und Ihre zerrissenen Kleider der Hilfe benötigt wären, als Nähmamsell oder Kindermädchen anstellen?

Schwerlich!

Ich kann mich des Verdachtes nicht entschlagen, dass Sie eine berufsmäßig tüchtig ausgebildete Gärtnerin, Viehmagd oder Näherin von notorisch schlechtem Charakter einer edlen Dilettantin in diesen Künsten vorziehen würden.

Eine gelernte Näherin oder Gärtnerin wird selten außer Brot sein.

Ein junges Mädchen, das im elterlichen Hause ein wenig genäht hat, das mit liebevollem Gemüt Kanarienvögelchen gefüttert und mit reinem Herzen Rosen und Hyazinthen begossen hat, fällt fast immer, wenn es sich auf diese Fertigkeiten für seine Existenz angewiesen sieht, dem Elend anheim.

Nachdem Herr von Nathusius die drei Berufsarten abgehandelt, lässt er seine Zunge los gegen die gottlose These eines sonst frommen, konservativen Herrn, des Herrn O. König, der da meint, es sei Vorurteil, dass irgend eine Arbeit, deren die Frau fähig ist, sich für dieselbe nicht schicke.

"Nein," ruft Herr von Nathusius, *"nicht jede Beschäftigung, deren die Frau fähig ist, ziemt sich für sie. Die Frau hat einen von Gott selbst ihr angelegten heiligen Ornat, den sie nicht ablegen soll."*

Den Ornat beschreibt er nicht näher; ich aber behaupte, dass dieser Ornat eben in den von Gott den Frauen verliehenen Fähigkeiten bestehe, dass sie eben das Pfund sind, von dem es in der Bibel heisst, der Mensch solle damit wuchern.

Aufs Nachdrücklichste und Entscheidendste warnt Herr von Nathusius vor gewissen Berufsarten, indem er sagt: *1) Jedes pêle-mêle* (ein geschmackvoller Ausdruck!) *mit dem andern Geschlecht ist von unausbleiblichem Übel."*

Herr von Nathusius meint damit das räumliche Nebeneinander und die Kollegialität zwischen Mann und Frau. Wäre nun auch der Verkehr der Geschlechter unter einander so wüst, wie Herr von Nathusius ihn sich vorzustellen scheint, so würde ich doch der Ansicht sein, dass ein Nebeneinander bei ernster Arbeit immerhin noch weniger Gefahr in sich schlösse, als der freiere gesellschaftliche Verkehr der Geschlechter. Warum plädiert Herr von Nathusius nicht für Sprachgitter in den Salons, um im Interesse der Sittlichkeit die Geschlechter zu trennen?

Dieses *"pêle-mêle"* würde auch zwischen Lehrer und Lehrerin unvermeidlich sein, die sich bei Konferenzen, auf Treppen, Korridoren und Höfen nicht immer ausweichen können. Es würde stattfinden bei Krankenpflegerinnen, die ohne Ärzte und Patienten nicht verwendbar wären. Das *"pêle-mêle"* ist unausbleiblich bei jeder Feldarbeit der Frau. Die einzigen Lokalitäten, wo ich zwischen Männern und Frauen gebildeter Stände Ungebührlichkeiten, die aus ihrem ungehinderten Verkehr erwachsen konnten, beobachtet habe, sind manche Gotteshäuser. Doch erschrecken Sie nicht, Herr von Nathusius, ich denke dabei nicht an Ihre kleine Harzkirche, sondern nur an katholische Kathedralen im Süden.

2) Jedes Preisgeben an die größere Öffentlichkeit ist ein für allemal wider die Bestimmung des Weibes, und wird daher jede Berufswahl, womit es notwendig verbunden ist, auszuschließen sein. Nie durch irgend eine noch so weitgehende gesunde christliche soziale Entwicklung der Frauenstellung kann dies aufgehoben werden."

Sie sind sicherlich nie in einer Oper gewesen, Herr von Nathusius; sonst würden Sie in Gedanken auf den Knien liegen vor einer Schröder-Devrient, einer Mallinger, die Sie einfachen Pastor vom Lande teilnehmen ließ an der herrlichen Gottesgabe, die ihr geworden. Wahrlich, ich sage Ihnen, wohl habe ich schon oft in einer breitspurigen Predigt die Gegenwart Gottes ganz und gar vermisst, während ich in den Tönen einer begnadeten Sängerin die reinste und göttlichste Offenbarung fand. Selten verlasse ich den Tempel der Musik, ohne mich in innerster Seele geläutert zu fühlen. Und diese Priesterinnen des reinsten Gottesdienstes (Priesterinnen, insoweit sie öffentlich auftreten) nennen Sie Karikaturen!

Der affektierte Hass gegen die Öffentlichkeit ist wieder eine jener verlogenen Zeitphrasen.

Was ist denn Öffentlichkeit?

Wenn vornehme Damen auf den Subskriptionsbällen in herausfordernder Toilette ihre Reize vor Tausenden von fremden Augen zur Schau stellen, und nichts als ihre Reize und ihre Person, das nennen Sie nicht Öffentlichkeit?

Aber wenn eine Predigerin in sittsamer Tracht vor einer andächtigen Gemeinde predigt, oder vor einer ebenso andächtigen Gemeinde eine Frau einen Vortrag über ideale Interessen hält, das ist eine Öffentlichkeit, die zu schmähen jeder männliche Denker sich erdreistet! Ich wiederhole Ihnen, das Wahre und Gute hat kein Geschlecht, und in jeder Art und Weise, in jeder Form ist es uns hochwillkommen.

Ist es Ihnen denn noch nie aufgefallen, Herr von Nathusius, dass ein Land, je unzivilisierter und barbarischer es ist, um so mehr seine Frauen von der Öffentlichkeit fern hält und sie in die Häuser einschließt? Schon in Italien und Spanien können Sie die Anfänge dieser Absperrung gewahren. Im südlichsten Teil von Italien gibt es Frauen, die nie die Strasse gesehen haben, weil sie dieselbe ohne männliche Begleitung nicht betreten durften, und ihre Väter und Gatten es nicht für der Mühe wert gehalten hatten, sie auszuführen.

Und was meinen Sie zu der Türkei? Sie und die Ihnen ebenbürtigen Denker sind geborene kleine Miniatur-Sultane, und darum ist

Ihnen, wenn Sie es auch nicht zugeben wollen, das Ideal des Frauenzustandes — der Harem.

Auch Herr Jacobi warnt die Frauen vor gewissen Berufsarten. *"Jede Tätigkeit, sagt er, die größere anhaltende Anstrengung des Körpers fordert, muss dem Weibe versagt bleiben."* Damit meint er, wie schon erörtert wurde, geistige Arbeit, durchaus nicht etwa die anmutigen Spielereien andauernden Waschens, Scheuerns usw.

"Die heidnischen Völker haben das Weib als Arbeitskraft verwertet, das Evangelium und die Kultur, die es begleitet, hat das Joch der Arbeit von seinem Nacken genommen und schonend einen Kreis der Tätigkeit ihm zugewiesen, der Feierstunden der Sammlung, Freiheit und Freude ihm gewährt."

Was würde diese Kultur für einen Vorzug haben, wenn sie statt den Frauen nun den Männern, ohne ihnen Feierstunden der Sammlung, Freiheit und Freude zu gewähren, das Joch der Arbeit auf den Nacken gelegt hätte? Oder sollte es vielleicht auch Männer geben, Herr Jacobi, die sich manche heitere Feierstunde gönnen?

Das Evangelium hat die Frauen befreit, meinen Sie. Vergassen Sie jenes Konzils im sechsten Jahrhundert, in dem ernsthaft darüber debattiert wurde, ob die Frauen zu den Menschen zu rechnen seien?

Wer arbeitet mehr, die Christin in der Fabrik, am Waschfass, über der Nähmaschine, oder die Mohammedanerin in ihrem Frauengemach?

Geschieht es hinter dem Rücken des Evangeliums, Herr Jacobi, dass, wie wir aus dem Bericht einer Unterrichtsbehörde für Schottland erfahren, in den westlichen Küstengegenden Schottlands die Frauen vielfach als Lasttiere benutzt werden, dass gerade die körperlich schwersten Arbeiten in den Bergwerken und im Küstenfischfang den Frauen aufgebürdet werden, während sich die Männer die leichteren und einträglicheren Arbeiten vorbehalten? Geschieht das vielleicht, um ihren zarteren Organismus zu schonen? Und fort und fort wird das christliche Weib, ohne Möglichkeit der Befreiung, seinen Nacken unter das Joch harter Arbeit beugen müssen, bis eine durchgreifende soziale Reform ihm neben den notdürftigen auch die einträglicheren Erwerbsquellen zugänglich machen wird. Man entzieht ihm im Großen und Ganzen (wenn nicht gesetzlich, so doch vermittelst der Sitte und des Vorurteils) alle diejenigen Erwerbsmittel, bei denen Arbeit und Freude zusammenfallen, mit wenigen Ausnahmen alle Berufsarten, die den Ehrgeiz befriedigen, die eine Stellung in der Gesellschaft geben, die sie dem Manne neben- oder überordnen könnten. Die Frau darf die Erwerbsmittel nicht ihren natürlichen Neigungen anpassen. Man gestattet ihr eben nur die Notarbeit, bei der sich nichts erübrigen lässt.

Weiterhin gibt Herr von Nathusius einen Überblick der deutschen Anstalten für Fortbildung und Berufsbildung der Frauen. Und nachdem er besonders hervorgehoben: die gewerbliche Fortbildungsschule in Nordhausen, das Viktoria-Lyzeum, die Handels- und Gewerbeschule, den Verein deutscher Lehrer und Lehrerinnen und den Arbeiterinnenverein in Berlin, den Leipziger Bildungsverein mit seinen Fortbildungsstunden für Landmädchen, Näherinnen usw. knüpft er daran folgenden Ausspruch: *"Ich brauche nicht erst hinzusetzen, dass unter dieser ganzen Bildungsvereinsbewegung Manches ist, bei dem man mit jener Dame in Köln ausrufen möchte: Es scheint, das goldene Zeitalter für die Blaustrümpfe und Ürschelcher* (so heißen in Köln unordentliche Frauen) *ist im Kommen begriffen!"*

Bis dahin, Herr von Nathusius, ist uns Ihr Standpunkt und Ihre ganze Auffassung als ein natürliches Ergebnis Ihrer starken männlichen Denkkraft erschienen. Dieser Ausspruch aber spricht gegen Ihre Gesinnung, er entbehrt der Scham; denn jedes Herz empört sich, wenn ein Satter den Notschrei des Hungers mit widrigem Gelächter übertäubt!

Sie scheinen doch in allen möglichen statistischen Tabellen herumgestöbert zu haben; warum haben Sie nicht in Erfahrung gebracht, dass *Parent-Duchâtelet,* ein berühmter französischer Arzt, der die Sitten der "Ürschelcher" studiert hat, bezeugt, dass er unter 3000 verlorenen Frauen nur 35 gefunden habe, die im Stande gewesen wären, sich zu ernähren? Eines dieser Mädchen hatte, ehe es sich der Prostitution ergab, seit drei Tagen nicht gegessen!

In England hat die Zahl dieser Frauen eine unglaubliche Höhe erreicht. Was für eine Phantasie haben Sie denn, wenn Sie glauben, dass erst jetzt die Zeit jener Unglücklichen kommen werde?

Wenn ein Kind diese Verhältnisse verstände, würde nicht sein Verstand ausreichen, um zu begreifen, dass für den Augenblick

Arbeit und bessere Erziehung die einzig möglichen Korrektive so furchtbarer Übelstände seien?

Nie sah die Welt eine ehrbarere, bescheidenere Bewegung als diese deutsche Frauenbewegung. Eine Menschenklasse, die sich bemüht, in demütigen Wendungen zu beweisen, dass eigentlich kein ausreichender Grund vorhanden sei, sie Hungers sterben zu lassen! Eine Klasse, die um ihre Existenz wie um ein Almosen bettelt!

Wahrhaftig, ein stolzerer Sinn empört sich gegen dieses Übermaß von Bescheidenheit, und wenig beneidenswert ist der freche Mut oder die blödsinnige Grausamkeit, diese geistig und physisch Notleidenden mit Beschimpfungen zurückzuweisen.

Als Herr von Nathusius die Beschäftigungsfrage abhandelte, schied er als das unverrückbar Normale zunächst die Ehefrau rein ab. *"Das Haus ist die Welt der Frau! Beruf und Lebensaufgabe der Frauen ruhen ein für allemal in festen, ewigen Ordnungen der Natur und des göttlichen Gebots und können nicht wanken und weichen!"*

Herr von Nathusius, wie die meisten ihm wahlverwandten Denker, verwechselt beständig Sitte oder historische Zustände und Naturgesetz.

Naturgesetze zu ergründen ist nur den tiefsten Geistern, den erhabensten Genien gegeben. Ein Newton, ein Kopernikus haben Naturgesetze unserer Erde gefunden. Wer aber hat bis jetzt die Naturgesetze des Menschengeistes so ergründet, um eine ewige Weltordnung darauf zu bauen? Sie vielleicht, Herr von Nathusius?

Sie selbst erzählen von einem wilden Volk, bei dem die Männer sich ins Bett legen, wenn ihre Frauen in die Wochen kommen. Wenn diese Wilden sich gebildet ausdrücken könnten, so würden sie das jedenfalls für ein "Naturgesetz" erklären, das nicht wanken und weichen könne. Und diese Gesetze, "die nicht wanken und weichen können", nicht wahr, sie haben festgestellt, dass die Tagelöhnerfrau nun schon seit Jahrhunderten jahrein, jahraus im Schweiße ihres Angesichts ihr trockenes Brot herunterwürgen muß, während die reiche Gräfin oder Prinzessin zur selben Zeit mit Delikatessen und Nichtstun ihr Nervensystem ruiniert?

Diese unglücklichen Naturgesetze scheinen die Sündenböcke für alle haarsträubende Dummheit, für jede Niedertracht der Menschen und Zeiten zu sein. Die Sitte knüpft nicht etwa an Naturgesetze an, sie ist viel öfter das Kind des Vorurteils als des Urteils. Sie wissen eben so gut wie ich, dass die Sitte nur die Form ist, in der sich der Geist einer bestimmten Zeitperiode offenbart, umfasse diese Zeitperiode nun die Dauer eines Jahrzehnts oder dreier Jahrtausende.

Das aber ist das Tragische unserer gesellschaftlichen Zustände, dass ihre Formen oft den Geist, der einst in ihnen lebte, überdauern. Und diese toten Formen nun, diese Gespenster haben die unerhörte Anmaßung, bei hellem Tage über lebendige Geister herrschen zu wollen!

Und dann, Herr von Nathusius, als die ersten Frauen geschaffen wurden, gab es wahrscheinlich noch gar kein Haus, und vielleicht Jahrtausende hindurch kein Haus, keine Kleidung und kein Feuer, und es ist anzunehmen, dass, hätte die Natur die Frauen ausschließlich für das Haus bestimmt, so würde sie ihnen einen kleinen Feuerherd, einen Nähtisch und einen Besen mit auf die Welt gegeben haben.

Oder wissen Sie vielleicht vermöge geheimnisvoller Offenbarung etwas von den tausend und abertausend Jahren, die den lumpigen paar Jahrtausenden, von denen wir Andern etwas wissen, vorausgingen?

Übrigens dürfen Sie nicht glauben, dass ich gegen das Leben der Frau im Hause etwas einzuwenden habe. Meine Ansichten und Erfahrungen über die moderne Hausfrau werde ich an einer andern Stelle niederlegen.

"Das Haus zu ernähren", fahren Sie fort , *"liegt seit dem Paradieses-Ausgang dem Manne ob"* usw.

Wie gesagt, außer Ihnen weiß niemand etwas von den Urzuständen der Menschheit, obgleich die Vermutung nahe liegt, dass unsere heutigen Frauen denen der Urzeit ebenso wenig gleichen mögen, wie die Referendare und Leutenants von heute den Pfahlbautenbewohnern. Aber bleiben wir bei der Gegenwart.

"Es ist die Pflicht des Mannes", sagen Sie, *"das Haus zu erhalten."*

Warum vergessen Sie bei dieser Gelegenheit Ihren Bannstrahl zu schleudern gegen die Männer, die reiche Frauen heiraten? Oder finden Sie vielleicht, dass in diesem Fall die Verführung zu groß sei, und deshalb alle reichen Frauen mit Stumpf und Stiel auszurotten seien?

Zweitens, Sie wissen zweifellos, dass der weitaus größere Teil der Frauen der niederen Stände an der wirtschaftlichen Arbeit des Mannes teilnimmt (oder kommt Ihrer Meinung nach das Proletariat gar nicht in Betracht?), ohne dass sich meines Wissens jemals ein erheblicher Einspruch dagegen erhoben hätte, auch nicht von den frommsten und konservativsten Herren.

Warum eifern Sie nicht gegen diese Frauenklassen, die Naturgesetze mit Füßen treten, diese Übeltäterinnen, die ihre Kinder zu Hause einschließen, oder sonst leichtsinnig verfahren, die von dannen gehen, um vielleicht drei Tage und drei Nächte hintereinander, wenige Pausen abgerechnet, zu waschen?

Warum duldet man diese Verbrechen an der natürlichen Bestimmung des Weibes?

Ihr Hausfrauen, jagt diese Weiber von euren Waschfässern, von euren Fenstern, die sie reinigen wollen! Duldet nicht diese frivole Zeitvergeudung, treibt sie fort zu ihren Kindern, damit sie dieselben mütterlich pflegen und beaufsichtigen, sie sauber kleiden und spazieren führen, wie es ihre Pflicht gebietet!

Aber das ist wahrscheinlich diesen gewissenlosen Personen zu schwer; sie können sich vom Waschfass und Scheuerlappen nicht trennen, sie ergeben sich ihnen, wie der Mann dem Trunk, und oft genug sterben sie auch daran, wenn Rheumatismus und Gicht ihnen zu Hilfe kommen! Es geschieht ihnen recht!

Freilich, wenn sie Witwen sein sollten, findet diese ehrlose Leidenschaft des Gelderwerbs einige Entschuldigung; aber das ist ein Faktor, mit dem nicht zu rechnen ist. Witwe zu sein ist nicht des Weibes Beruf. Es büße für diese Naturwidrigkeit!

Die Arbeit der Frau auf dem Lande schildert uns Herr von Nathusius sehr gemütlich und idyllisch als eine nur während der Ernte eintretende ländliche Arbeit *"im fröhlichen Wetteifer"*.

Die Feldarbeit der Frauen in Harzdörfern kenne ich nicht, wohl aber habe ich Gelegenheit gehabt, ländliche Zustände in der Mark zu beobachten. Dort habe ich die Frauen den ganzen Sommer über in glühender Hitze und in strömendem Regen gemeinschaftlich mit den Männern angestrengt arbeiten sehen. Dennoch aber bestand ein großer Unterschied zwischen ihnen. Wenn der Mann Abends über die Schwelle seiner Hütte trat, war Feierabend für ihn. Er zündete sich seine Pfeife an, legte sich auf die Bank und sah ruhig der Frau zu, die jetzt erst begann, ihre Wirtschaft zu besorgen. Sie wusch und kämmte die Kinder, sie reinigte das Stübchen, fütterte die Ziege und das Schwein (wenn ein solches vorhanden war) und kochte das Abendbrot. Ich habe niemals gesehen, dass der Mann ihr bei diesen Verrichtungen hilfreich zur Hand gegangen wäre. Und damit das gequälte Tier auch nicht einen Augenblick zur Ruhe käme, wusch sie Sonntags die Wäsche für die Familie.

Wie sollte der Mann auch der Frau in Besorgung der Wirtschaft und der Kinder zur Hand gehen?

In Zitaten und mit eigenen Worten sucht Herr von Nathusius diese Unmöglichkeit zu beweisen, indem er unter anderem aufführt, dass der Mann für Haushalt und Kinderpflege gerade so geschickt sei, wie der Esel zum Lauteschlagen oder das Kamel zum Tanz.

Sie sind im Irrtum, Herr Pastor. Wenn ein Dienstmädchen sich so viel trefflicher erwiese im Reinigen der Zimmer, im Servieren, im Fegen, Wischen, Laufen, Putzen usw. als ein Mann, so würde man in reichen Häusern nicht statt ihrer einen Diener engagieren.

Und welchen Sinn legen Sie der Sitte unter, die in ganz vornehmen Häusern nur Köche duldet? Vielleicht sind Sie auch hier einem Naturgesetz auf die Spur gekommen, das die Frauen nur zum Kochen der Hausmannskost befähigte, während sie den Mann mit der Kraft, Delikatessen zu bereiten, ausstattete?

Oft habe ich gesehen, wie ein Arzt mit wenigen geschickten Griffen einer jungen, ungeschickten Mutter zeigte, wie sie ihr Kindchen zu wickeln habe.

Wie, Herr von Nathusius? Die Hände, welche die feinsten optischen Instrumente herzustellen im Stande sind, Hände, die Mosaik zusammenfügen und Amputationen verrichten, zu denen die vollendetste Geschicklichkeit gehört, ihnen sollte die Fähigkeit versagt sein, ein Kindchen zu wickeln, zu tragen, zu wiegen? Ich kann

Ihnen versichern, dass nur ein Minimum von Geschicklichkeit dazu gehört, und dass Sie selber, wenn Sie nur einige Wochen hindurch täglich einige Kinder wickeln müssten, nach Ablauf dieser Zeit ein Virtuose in dieser Kunst sein würden.

Jeder Großstädter kann täglich auf den Strassen beobachten, dass Offizierburschen die Kinder ihrer Herren mit umsichtiger Geschicklichkeit und liebevoller Sorglichkeit überwachen und beschäftigen, während die Klagen der Hausfrauen über die schauderhaften Untaten der Kindermädchen sprichwörtlich geworden sind.

Ich kenne ein paar miserable Professoren, gute, einfältige Leute, die, wenn sie ihrer Neigung hätten folgen dürfen, vortreffliche Kinderfrauen oder vielmehr Kinderwärter geworden wären.

Sie wollen die Frau nicht aus dem Hause lassen. Der Arbeiter sagt: ich kann meine Familie nicht ernähren, wenn meine Frau nicht miterwirbt. Wollen Sie nun wirksame "Schutzvereine" gegen die Frauenarbeit der niederen Stände stiften, so müssen Sie ins Lager der Sozialisten gehen, Sie müssen revolutionieren für den ausreichenden Erwerb der Männer.

Im weiteren Verlauf Ihrer Betrachtungen eifern Sie gegen die Annahme, als hätte eine Frau heutigen Tages nicht mehr genug im Hause zu tun.

Wer in aller Welt behauptet denn das? Ist sie es zufrieden, so und so viel Stunden des Tages zu nähen, so und so viel Stunden zu kochen, zu waschen, zu plätten, und ist der Mann damit einverstanden, wem würde es einfallen, ihr dieses Vergnügen rauben zu wollen?

Ich sage nur: Eines schickt sich nicht für Alle, und dasjenige was Käthchen beglückt, kann Gretchen zur Verzweiflung bringen.

Herr von Nathusius ist auch so gütig, den Frauen Ratschläge für nützliche Zeitausfüllung zu erteilen.

Erstens (wie schon erwähnt) weist er die jungen Mädchen auf die Sorge für die eigene Kleidung und auf das Sorgen für die kleinen Geschwister hin (leider vergessen die Eltern nur zu oft ihre Pflicht, um die erwachsenen Töchter zu beschäftigen, kleine Geschwister bereit zu halten). Dann meint Herr von Nathusius , *"schließt an das*

Haus sich in den meisten Fällen doch noch glücklicherweise der Garten". In den großen Städten tut er das entweder ganz und gar nicht, oder wo er vorhanden ist, haben nur die Wirtstöchter das Recht, darin zu schalten und zu walten. *"Und wie Manches",* fährt er fort, *"mag sich auch noch aus der lieben Tierwelt, klein und groß, daran schließen."*

Ein Kanarienvögelchen, ein Gärtchen, heitere Spiele mit kleinen Geschwistern — wirklich ein beneidenswert idyllisches Dasein für — Backfische!

Den Frauen aber ruft er zu: *"Die wichtigste aller eurer Arbeiten, auch sogar volkswirtschaftlich, ist, der großen Gesellschaft täglich einen an Leib und Seele erquickten Mann zu schenken und ihr mit jeder Generation wohlgezogene Kinder zu schenken."*

Und an einer andern Stelle heißt es von der berufsmäßig arbeitenden Frau: *"Dadurch, dass sie zu einer elenden Arbeitskraft wird, liefert sie auch noch einen elenden, verwahrlosten Mann zur Arbeit und elende, verwahrloste Arbeitskräfte der Zukunft an ihren Kindern."*

Für was für Kretins und Lumpen, Herr von Nathusius, halten Sie denn eigentlich die Männer, die verwahrlosen müssen, wenn die Frauen sich ihrer nicht annehmen? Sie müssen schreckliche Exemplare unverheirateter Männer in ihrer Umgebung haben, um zu einer solchen Anschauung gelangt zu sein.

Freilich, ich kenne unter Andern auch einen Ehemann aus den höheren Ständen, dessen Frau mir einmal klagte, ihr Mann wechsle niemals die Wäsche, wenn sie ihm nicht das reine Zeug vor das Bett lege. Sie schliessen von diesem Umstand wahrscheinlich auf ein "Naturgesetz", vermöge dessen der Mann von seiner Frau zur Reinlichkeit angehalten werden müsse, während ich einfach daraus den Schluss ziehe, dass dieser eine Mann ein widerwärtiger Schmutzfink ist.

Im Allgemeinen verheiratet sich wohl der gesund organisierte Mann nicht, um besser gewaschen, genährt und gepflegt zu werden, sondern um der Liebe und Freundschaft willen, mitunter, weil er sich nach Kindern sehnt.

Durchschnittlich nährt und pflegt sich der Unverheiratete besser als der Verheiratete, aus dem einfachen Grunde, weil er dieselben

Mittel, mit denen der Verheiratete eine ganze Familie zu erhalten hat, für sich allein verwenden kann.

Wird der Hagestolz krank, so kann er für Geld die beste Pflege von der Welt haben; denn eine geübte Diakonissin wird ihn mindestens ebenso gut pflegen wie die zärtlichste Gattin.

Dass der Mann mit der Verheiratung ein Opfer an materiellem Wohlsein bringe, scheint auch die öffentliche Meinung zu sein, die einen Hagestolzen als einen Egoisten zu bezeichnen pflegt.

Sie können übrigens, verehrter Herr, der besten Überzeugung sein: eine Frau, die im Stande ist, eines wirtschaftlichen Berufes wegen ihre Kinder zu vernachlässigen oder ihr Haus in Unsauberkeit verkommen zu lassen (Beides zu verhüten, gibt es mehr als einen Weg), wird auch nie und nimmer irgend welchen andern Beruf pflichtgetreu erfüllen.

Die Männer mögen unbesorgt sein; so lange die Mütter ihre Kinder lieben, sind diese wohlgeborgen, die Mütter mögen nun Ärztinnen, Predigerinnen oder einfache Hausfrauen sein. Nur die bittere Armut kann der Liebe nicht Rechnung tragen.

Es passiert übrigens noch anderen Leuten als Herrn von Nathusius, dass sie im Eifer, um die Notwendigkeit der Frau im Hause zu beweisen, die Männer mit einem Schimmer von Blödsinn umgeben. So fiel mir kürzlich ein mittelalterliches Gedicht in die Hände, das von den Pflichten der Gattin handelt, und aus dem uns der Eheherr wie ein bösartiger Pavian entgegentritt:

Es beginnt folgendermaßen:

"Wenn er schreit, Sie nur schweiget,

Schweigt er dann, redt sie ihn an,

Ist er grimmsinnig, ist sie kühlsinnig,

Ist er vielgrimmig, ist sie stillstimmig,

Ist er stillgrimmig, ist sie trostsinnig,

Ist er ungestümig, ist sie kleinstimmig,

Tobt er aus Grimm, so weicht sie ihm,

Ist er wütig, so ist sie gütig,

Mault er aus Grimm, redt sie ein ihm.

Er ist die Sonn', sie ist der Mond.

Sie ist die Nacht, er hat Tagsmacht."

Herr von Nathusius will indessen die Poesie durchaus nicht aus dem Hause verbannt wissen; im Gegenteil, er schafft auch für diesen Artikel Rat. Die Intelligenz der Frau hat natürlich nichts damit zu schaffen.

"Man lehre die Mädchen nicht so viel", sagt er, *"man nimmt ihnen, wenn man sie zu sehr bildet und unterrichtet, einen wahren Vorzug... wie liebenswürdig ist ihre Unwissenheit... wie viel tägliches Vergnügen raubt man dem Manne, wenn man Mädchen zu gelehrt macht."*

Welch ein zynischer Egoismus! Als käme es nur darauf an, dass die Frauen den Männern möglichst viel Vergnügen machen! Nur der Sklave ist um des Andern willen da.

Und worin besteht denn nun das Vergnügen? Etwa im Gefühl der Überlegenheit? Zum Teufel mit dieser läppischen Eitelkeit!

Oder soll das Vergnügen in der erziehenden Tat liegen, so begreife ich es vollkommen; aber, abgesehen davon, dass diese Tat nur in den allerseltensten Fällen von den Männern an ihren jungen Frauen geübt wird, so würde sich doch dieses "Erziehen und Lehren" immer nur auf die in der Entwicklung begriffene weibliche Seele beziehen, nicht auf die reife Frau.

Und hier liegt, fürchte ich, eine der Hauptquellen, aus der die Männer ihre verschrobenen Ansichten über die Frauen schöpfen. Wenn sie vom Reiz der Unwissenheit, vom Zauber der Naivität sprechen, bevölkert sich ihre Phantasie sofort mit reizenden jungen Mädchen zwischen 16—18 Jahren, während sie die Vorstellung einer wissenschaftlichen, gebildeten Frau nicht von der einer alten und hässlichen Person trennen können. Das Weib hört auf für sie zu existieren, sobald es ihrem Vergnügen nicht mehr dient.

In der Tat mögen Naivität und Unwissenheit bei einem hübschen jungen Mädchen nicht ohne pikanten Reiz sein; an einer vierzigjährigen Frau sind sie unerträglich. Nur diejenigen Eigenschaften haben Wert, die sich in der Dauer bewähren.

Ich hörte einmal, wie eine ältere Dame einem jungen Mann vorwarf, dass er sich für Frau N. N. interessiere, die der Neid und die Intrigensucht in Person sei.

"Nun", war die Antwort des sonst ganz gesinnungsvollen Mannes, "was tut das? Gerade diese Eigenschaften machen Frau N. N. amüsant und pikant und mir deshalb liebenswert!"

Aber hören wir, wie Herr von Nathusius der Poesie eine Stätte am häuslichen Herde zu bereiten versteht. Vor allen Dingen fordert er, dass die Hausfrau musikalisch sei. Er sagt: "*Ein Mädchen könnte ohne Spiel und Gesang schon auskommen; für eine Hausfrau gehört beides unter das Allernötigste zur Erfüllung ihrer Pflichten. Denn einfach: ihre Pflicht und ihr Lebensberuf ist es, das Haus zu verschönern, dessen Hauskantor zu sein, wie der Mann der Hauspriester ist, und Ihre Kleinen in einem fröhlichen Liederleben aufwachsen zu lassen.*"

Mit diesen Worten, Herr von Nathusius, revolutionieren Sie ja förmlich gegen Gott selber! Sie wollen, wenn die Natur es der Frau versagt hat, zu singen und zu spielen was sie fühlt, dieser Natur Gewalt antun?

Gott schütze jedes unglückliche Kind vor einer unmusikalischen Mutter, die Musik macht!

Aber damit noch nicht zufrieden, empfiehlt der Herr Pastor, wohl gemerkt, nicht als Beruf, sondern "zum kleinen Hausgebrauch" als Schmuck des Hauses — man staune! — die Ölmalerei und Holzbildnerei. "*In dieser Anwendung sind sie besser als in Galerien und Museen.*"

Dieser Ausspruch bedarf wohl keiner ernsthaften Gegenrede. Über den Geschmack, wie gesagt, lässt sich nicht streiten. Mir steht die bescheidenste Arbeit in der Küche oder am Nähtisch hoch über jeder Kunstpfuscherei.

Der Widerwille gegen Dilettantismus wird, Gott sei Dank, auf jedem Gebiet immer größer; man kann jetzt Gesellschaften besuchen ohne Furcht vor Dilettantenkonzerten, ohne gezwungen zu werden, an den Wänden die Klecksereien der Töchter des Hauses zu bewundern.

Nicht ängstlich genug sei die Sorgfalt, mit der man das Auge des Kindes von den Sünden gegen den heiligen Geist der Kunst fern halte; nur am Besten und wahrhaft Schönen lerne es sehen. Bei unserer wohlfeilen Art der Vervielfältigung durch Photographien, Kupferstiche usw. ist diese Forderung nicht einmal schwer zu erfüllen.

Ein Dilettieren in den Künsten ist ein Müßiggang, der Arbeit heuchelt, ein Tun, das beiden Teilen schadet, dem Sehenden und Hörenden und dem Ausübenden.

Den Schluss des Buches bilden verschiedene kritische Auslassungen über Schriften, welche Herrn von Nathusius während der Abfassung seines Buches in die Hände fielen. Nur einige kleine Proben der kritischen Begabung des Herrn von Nathusius gestatte man mir.

Gegen den Denker *Stuart Mill* führt er widerlegende Aussprüche von — *Elise Polko* an!

Sollte man es überhaupt für möglich halten? Der Mann, der an einer Stelle den "weiblichen Blaustrumpf ein mit Recht vorzugsweise verrufenes Geschöpf" nennt, wagt einige Seiten später die verschiedensten Schriftstellerinnen wie Julie Burow, Frau Reichardt, Marie Nathusius usw. als Gewähr für seine Auffassungen anzuführen, und somit durch Lob jene Verrufenen zu ermutigen, in deren Seelen er mittels der Kraft seines männlichen Verstandes die Reue wach rufen sollte!

Freilich hat er dafür auf Fanny Stahr eine besondere Malice. Er denunziert sie auch als Jüdin. Der Herr Pastor scheint das Denunzieren überhaupt für gottgefällig zu halten; denn an einer anderen Stelle klatscht er auch, dass Herr N. N. — ich wiederhole natürlich den Namen nicht — bereits wegen Gotteslästerung bestraft sei!

Was Gotteslästerung vor dem Gesetz ist, wird bestraft. Wer aber bestraft die Lästerungen gegen Gott selber? Gegen Frau Stahr lässt er Frau Reichardt siegreich zu Felde ziehen. Frau Stahr sagt: "Mir ist kein Mädchen vorgekommen, das nicht, selbst bei großer künstlerischer Begabung und auch beträchtlichen Erfolgen in seinem künstlerischen Berufe, bald bereit gewesen wäre, auf seine Unabhängigkeit zu verzichten, wenn es heiraten könnte."

"Treffend (meint Herr von Nathusius) *setzt Frau Reichardt entgegen: wie jeder rechte Mann sicher entgegengesetzt handle, und wenn er die Wahl zwischen einem Familienglück und seinem Beruf hätte, nicht dem ersteren den Vorzug gäbe."* Da dürfte sich denn doch also (nach Herrn von Nathusius' Meinung) ein kleiner charakteristischer Unterschied zwischen Mann und Weib finden!

Ich will annehmen, dass beide Schriftstellerinnen in Bezug auf die Tatsachen die sie anführen, Recht haben. Der Unterschied ist da; nur liegt er wieder nicht in den Naturgesetzen, sondern in den Sitten. Die Frau bedarf des Mannes, der Mann der Frau, das ist Naturgesetz. Der Mann aber entbehrt außerhalb der Ehe nicht die Frau, nicht die Liebe (die Sitte gestattet ihm jede Freiheit). Die Frau aber entbehrt den Mann, will sie nicht der Sitte Hohn sprechen und sich außerhalb der Gesellschaft stellen. Das ist der Hauptunterschied, und daneben kommt kaum noch in Betracht, dass durch die Verheiratung die Frau eine andere und bessere gesellschaftliche Stellung gewinnt, während bei dem Manne eher das Umgekehrte der Fall ist, dass seine pekuniären Verhältnisse sich durch Verheiratung verschlechtern, während die ihrigen sich verbessern usw.

Weiterhin führt der Verfasser einen andern Ausspruch der Frau Stahr an. Sie sagt: "Man gibt es zu, dass jede Tierrasse durch fortgesetzte Kultur ihre Fähigkeiten schon durch die bloße Vererbung der kultivierten Fähigkeit sich veredelt und verfeinert; und man vergleicht die Fähigkeiten der Männer, die durch eine 3000jährige geistige Bildung von Geschlecht zu Geschlecht sich haben steigern können, mit denen der Frauen, welchen diese Gunst durchaus nicht zu Teil geworden ist."

"Bei der Berufung auf ‚Vererbung'", entgegnet Herr von Nathusius, *"sollte man fast auf den Gedanken kommen, dass es im Plan der Frau Lewald liege, dass künftig die Männer die Knaben und die Weiber die Mädchen gebären sollen."*

Ich bin überzeugt, die arme Frau Stahr hat keine Ahnung von dem Sinn oder vielmehr Blödsinn, der in ihren Worten liegen soll. Ja, ja, Frau Stahr, das kommt davon, wenn man Bücher schreiben will und hat keinen männlichen Verstand à la Nathusius!

So hart dieser Herr gegen Frau Stahr verfährt, so liebreich verhält er sich gegen Elise Polko und Julie Burow. Eine von diesen Damen lässt er auch von dem süßen Geheimnis der Liebe schwärmen.

Es ist wahr, alle Entwicklung hat etwas Geheimnisvolles, alles Knospenhafte neben dem Herben auch Süßes. Es möchte also hingehen, dass man die bräutlichen Empfindungen eines Mädchens, das schmachtende Verlangen eines kindlich zärtlichen Herzens, als "süßes Geheimnis" darstellt. Man denke sich aber eine tüchtige Bürger-, Arbeiter- oder Bauernfrau, die ihren Mann und ihre Kinder brav und herzlich liebt, und die diese Empfindung zeitlebens als süßes Geheimnis mit sich herumtrügel

Die wahre Liebe, wie alles wahrhaft Schöne und Gute, ist einfach, und ein Geheimnis nur insoweit, wie es uns jede unserer Empfindungen ist. Das süßliche Getue aber gehört wahrlich nicht mehr in unsere herbe ernste Zeit.

Weiterhin, nachdem Herr von Nathusius einen Satz Rousseaus zitiert, sagt er: *"Tiefer gefasst* (als von R.) *ist des Weibes Beruf die Liebe."*

Aber doch die erwiderte, Herr von Nathusius? Denn das Unglück der armen Frauen können Sie doch nicht wollen, und an gebrochenen Herzen werden auch Sie keine Freude haben! Freilich wenn Sie von einer Frau geliebt würden und könnten diese Liebe nicht erwidern, das wäre ziemlich unerträglich; aber Sie müssten sich doch wohl oder übel in Ihr Schicksal finden, denn die Schuld an dem verfehlten Beruf dieser Frau, würden Sie doch nicht auf ihr Gewissen laden wollen!

Die allgemeine Menschenliebe aber kann man bei diesem Ausspruch nicht im Sinn haben; denn sie erfordert ja die Abstraktion von allem Persönlichen, das Versenken und Leben in Ideen, das Sie ja doch am wenigsten von den Frauen verlangen dürfen!

Wie nun aber die Liebe als Beruf den Frauen Lebensunterhalt verschaffen soll, das ist wahrscheinlich ein "süßes Geheimnis", das Sie allein kennen!

Zum Schluss noch eine kleine historische Naivität des Herrn von Nathusius. *"Hose und Unterrock"*, sagt er , *"ist nichts Willkürliches oder Zufälliges, sie hängen zusammen mit dem Schöpfungsgeheimnis von*

Anfang, sind nur der tiefe, symbolische Ausdruck innersten Wesens; oder warum hätte ein so bestimmter Unterschied der Tracht sich in wesentlich übereinstimmender Weise bei allen Völkern der Erde ausgebildet?"

Ich will von den wilden Völkerstämmen der Tropengegenden absehen und von geschichtlichen Belegen nur Tacitus anführen, welcher sagt, dass sich bei den Germanen die Tracht der Frauen von der der Männer nicht unterschieden habe. Aber haben Sie nie von den Orientalen gehört, Herr von Nathusius? Diese Völkerschaften wohnen, wie man mir gesagt hat, grösstenteils in Asien, und die Männer derselben habe ich stets in langen, fliessenden Gewändern abgebildet gesehen, dagegen ist ein charakteristisches Kleidungsstück der Türkin — die Hose. Und die Bergschotten, Herr von Nathusius!

Ich mache Herrn von Nathusius und Herrn Jacobi darauf aufmerksam, dass ich in diesem Aufsatz nirgends die seelische und intellektuelle Gleichartigkeit von Mann und Frau behauptet habe; ich habe mich darauf beschränkt, den Anschauungen der Herren Verfasser entgegenzutreten — Anschauungen die mich mit Zorn erfüllen würden, wenn nicht ein bitteres Mitleid die Oberhand behielte, ein Mitleiden, das bei allem Bösen, das in der Welt von Menschen getan wird, der großen Worte des Herrn gedenkt: "Herr, vergib ihnen, denn sie wissen nicht was sie tun."

Zum Schluss will ich nur bemerken, dass ich von ganzem Herzen mit Stuart Mill, den Herr von Nathusius einen überstudierten Nationalökonomen nennt, übereinstimme, wenn er sagt, dass die Frau (wie jedes organische Gebilde der Schöpfung) den Zweck ihres Daseins in sich selbst habe, also nicht in den Männern. Und die naiven Männer, bei denen die letztere Anschauung die Quelle ist, der all ihre Meinungen über Frauen entspringen, kommen mir wie jene weisen Hausfrauen vor, die, wenn sie auf dem Markt ihre geschlachteten Tauben und Hühner kaufen, der festen Überzeugung leben, Gott habe dieses Geflügel nur geschaffen, um ihnen Braten für ihre Tafeln zu liefern.

Die guten Männer reden uns ein, wir lebten unter ihrer Herrschaft wie im Paradiese. Vergebens rufen wir uns heiser, dass wir vom Baum der Erkenntnis gegessen haben und des Paradieses nicht mehr würdig seien. Wie der Engel im Paradies, hält der Mann das

flammende Schwert in Händen, aber, der Gute, der Barmherzige,
nicht um uns auszutreiben, sondern um uns gewaltsam gegen un-
sern Willen darin festzuhalten!

54

Über tredition

Eigenes Buch veröffentlichen

tredition wurde 2006 in Hamburg gegründet und hat seither mehrere tausend Buchtitel veröffentlicht. Autoren veröffentlichen in wenigen leichten Schritten gedruckte Bücher, e-Books und audio-Books. tredition hat das Ziel, die beste und fairste Veröffentlichungsmöglichkeit für Autoren zu bieten.

tredition wurde mit der Erkenntnis gegründet, dass nur etwa jedes 200. bei Verlagen eingereichte Manuskript veröffentlicht wird. Dabei hat jedes Buch seinen Markt, also seine Leser. tredition sorgt dafür, dass für jedes Buch die Leserschaft auch erreicht wird.

Im einzigartigen Literatur-Netzwerk von tredition bieten zahlreiche Literatur-Partner (das sind Lektoren, Übersetzer, Hörbuchsprecher und Illustratoren) ihre Dienstleistung an, um Manuskripte zu verbessern oder die Vielfalt zu erhöhen. Autoren vereinbaren direkt mit den Literatur-Partnern die Konditionen ihrer Zusammenarbeit und partizipieren gemeinsam am Erfolg des Buches.

Das gesamte Verlagsprogramm von tredition ist bei allen stationären Buchhandlungen und Online-Buchhändlern wie z. B. Amazon erhältlich. e-Books stehen bei den führenden Online-Portalen (z. B. iBookstore von Apple oder Kindle von Amazon) zum Verkauf.

Einfach leicht ein Buch veröffentlichen: **www.tredition.de**

Eigene Buchreihe oder eigenen Verlag gründen

Seit 2009 bietet tredition sein Verlagskonzept auch als sogenanntes "White-Label" an. Das bedeutet, dass andere Unternehmen, Institutionen und Personen risikofrei und unkompliziert selbst zum Herausgeber von Büchern und Buchreihen unter eigener Marke werden können. tredition übernimmt dabei das komplette Herstellungs- und Distributionsrisiko.

Zahlreiche Zeitschriften-, Zeitungs- und Buchverlage, Universitäten, Forschungseinrichtungen u.v.m. nutzen diese Dienstleistung von tredition, um unter eigener Marke ohne Risiko Bücher zu verlegen.

Alle Informationen im Internet: **www.tredition.de/fuer-verlage**

tredition wurde mit mehreren Innovationspreisen ausgezeichnet, u. a. mit dem Webfuture Award und dem Innovationspreis der Buch Digitale.

tredition ist Mitglied im Börsenverein des Deutschen Buchhandels.

Dieses Werk elektronisch lesen

Dieses Werk ist Teil der Gutenberg-DE Edition DVD. Diese enthält das komplette Archiv des Projekt Gutenberg-DE. Die DVD ist im Internet erhältlich auf **http://gutenbergshop.abc.de**